타자들의 생태학

L'écologie des autres: L'anthropologie et la question de la nature
by Philippe Descola

Copyright © 2011 Philippe Descola
All rights reserved.
This Korean edition was published by Podobat Publishing Company in 2022
by arrangement with Éditions Quæ Quæ
through KCC(Korea Copyright Center Inc.), Seoul.

이 책은 (주)한국저작권센터(KCC)를 통한 저작권자와의 독점계약으로
포도밭출판사에서 출간되었습니다. 저작권법에 의해 한국 내에서 보호를 받는
저작물이므로 무단전재와 복제를 금합니다.

타자들의 생태학

자연과 문화의 이원론을 넘어서는 인류학

필리프 데스콜라 지음 | 차은정 옮김

The Ecology of Others

포밭

차례

	영어판 서문	7
	서문	9
1장	**조개 논쟁**	15
	사이펀의 적절한 사용에 관하여	18
	이론상의 생태학	25
	레비스트로스의 두 자연	33
2장	**인류학적 이원론**	43
	능산적 자연, 소산적 자연	46
	대상의 역설	54
	논란과 수렴	62
	환원의 궤도	62
	번역의 궤도	67
3장	**각자의 자연 속으로**	79
	진실과 신념	83
	근대인의 미스터리	87
	일원론과 대칭성	91
	보편주의와 상대주의	107
	결론	113
	대담 횡단하는 우주론과 혼의 윤리학	123
	옮긴이 후기 자연의 인류학과 관계의 생태학	159
	찾아보기	176

일러두기
- 각주는 모두 옮긴이주다.
- [ ] 안의 내용은 본문의 이해를 돕기 위한 옮긴이의 부가 설명이다.

영어판 서문

이 글의 주요 부분은 애초 2007년 파리에서 열린 프랑스 국립농업연구소(Institut National de la Recherche Agronomique)의 초청 강연을 위해 작성되었다. 강연은 연구소 과학자들의 인식론적, 사회학적 성찰의 촉진을 목적으로 하는 프로그램의 일환이었고, 이 연구소는 해당 분야에서 유럽 최대 기관으로 자리 잡은 터였다. 따라서 강연은 청중의 대부분인 생물학자, 농업경제학자, 화학자, 지구과학자, 그 외 자연과학 연구자들을 겨냥했다. 이들은 자신의 연구가 점화한 사회적 논란에는 관심이 있었지만, 사회과학이 이 문제들을 어떻게 다뤘는지는 잘 몰랐다. 내가 강연 초청을 받은 이유 중 하나는 2005년 프랑스어로 출간한 『자연과 문화를 넘어서 Par-delà Nature et Culture』(영어판 Beyond Nature and Culture, The University of Chicago Press, 2013)라는 책 때문이었는데, 이 책에서 나는 인간과 비인간 간 관계의 다양성을 설명하는 일반 모델을 개발했다. 그러나 강연에서는 책의 내용을 요약하기보다 내가 자연의 인류학(anthropology of nature)이라고 부르게 된 것을 논하기로 마음먹었다. 그것은 사회와 환경의 관계에 대한 인류학적 접근법을 비판적으로 평가하는 가운데 이 문제에 대한 나 자신의 관점의 인식론적 기반을 명확히 하는 것이었다.

이렇듯 강연은 인류학자를 염두에 두지 않았다. 이는 내가 왜 강연에서 세세한 내용까지 과감히 파고들었는지를 말해준다. 나는 특히 영어로 말하는 학자들 사이에서 자연계에서 차지하는 인간종의 위치를 둘러싼 인류학적, 철학적 논쟁에 대해 청중들이 무지하다는 것을 알고 있었다. 그래서 마셜 살린스(Marshall Sahlins)가 내게 강연의 결과물인 이 책자가 [주로 아메리카 인류학의 학술적 논제를 다루는] 프리클리 패러다임 시리즈(Prickly Paradigm series)와 잘 어울릴 것이라고 했을 때 적잖이 놀랐다. 그는 영어권 독자들도 인류의 운명을 결정짓는 데에서 자연이 하는 역할을 둘러싼 열띤 논쟁을 흥미로워할 것이라고 장담했다. 이러한 논쟁 중에는 사람들의 뇌리에서 거의 사라졌지만 아직은 유의미한 것들도 있고, 여전히 행복한 소수에게만 흥미를 유발하지만 매우 참신한 것들도 있다. 그의 생각이 옳았는지는 독자의 판단에 맡기겠다.

프랑스 국립농업연구소로 나를 초청하여 강연 자리를 마련해준 라파엘 라레르(Raphaël Larrère), 아마도 별생각 없이 영어판 출간을 부탁했을 마셜 살린스, 번역 원고의 수정을 도와준 앤크리스틴 테일러(Anne-Christine Taylor), 편집자 매튜 엥겔케(Matthew Engelke)에게 진심으로 감사드린다.

2012년 8월 르쿠와(Le Coy)에서, 필리프 데스콜라

서문

19세기 후반 마침내 자연의 과학과 문화의 과학 각각의 접근법과 영역이 상세히 기술되기에 이르렀다. 이렇게 된 데에는 이론적으로 보면 두 연구 분야 간 방법론의 차이를 강조하는 인식론적 작업의 진전이 있었기 때문이고, 실천적으로는 오늘날 우리에게 친숙한 대학과 연구소라는 분화된 조직이 최종적으로 확립되었기 때문이다. 모든 전문화 과정이 그러하듯이 주어진 학식의 공동체 내에서 공유 기법의 축적, 사고 습관, 자격 제도, 작업 수단, 평가 기제 등이 지식 생산의 조건을 배가시켜왔다는 점에서 이러한 역량 분할은 어느 정도 긍정적인 효과를 발휘해왔다. 그러나 과학과 인문학의 제도적으로 강화된 구분은 또한 결과적으로 물질적 현상과 도덕적 현상이 뒤얽힌 상황에 대한 이해를 훨씬 더 어렵게 만들었다. 인간 활동의 물리적 차원과 문화적 차원의 관계를 연구 대상으로 삼은 과학—예를 들어 지리학, 심리학, 또는 동물 행동학—은 궁극적으로 어느 한 접근법의 분파들이나 그 외 분파들로 나뉘게 되고 마침내 서로가 결별을 선언하게 되는데, 여기서 최상의 경우는 우호적인 결별이다.

    인류학은 이런 부류의 분할에서 벗어나지 못했고, 지금 이 책자가 다루게 될 것도 기본적으로 바로 이 문제이다. [인류학에서] 첫 번째 분열은 일찍이 19세기 후반에 인간의 다양성에 대한 생물학적 특질을 통한 접근법과 문화적 특질을 통한 접근법 사이에서 일어났고, 결국 인류의 통일성을 그 표현의 다양성 속에서 파악하려는 최초의 야망은 좌초되었다. 체질인류학이 변이 너머의 통일성을 확립하려는 목표를 이어받았다면, 사회인류학은 당연시되는 통일성을 배경으로 그에 대항하는 변이를 설명하는 것에 대체로 만족했다. 인간 사회생물학, 진화심리학, 또는 밈학(memetics)의 발전이 보여주듯이, [자연과학과 문화과학의] 대화를 재개하려는 최근의 시도는 지금까지 별다른 설득력 있는 결과를 내놓지 못하고 있다. 이는 문화적 사실을 다루는 그것들의 방식이 저마다의 특수주의를 소거할 정도로 빈약하기 때문이거나, 아니면 주어진 사회적 사실의 기원으로 상기되는 생물학적 메커니즘이 너무나 일반적이어서 그것들이 가진 설명력을 잃게 하기 때문이다.

    인간 사회생물학은 생식우위를 극대화하는 실천의 제도화 효과를 검토하는 데에 온 힘을 쏟는다. 그에 반해 진화심리학은 인간이 확보한 적응우위를 위시한 계통발생 과정 중에 선택된 예전 행동들을 현대 인간의 적성 내에서 복구하고자 한다. 두 경우 모두에서 적용된 메커니즘의 단순성과 그에 기인한 제도의 복잡성 사이에 깊은 골이 놓인 탓에 제도가 취하는 엄청나게 다양한 형태들에 미치는 인과작용을 이 메커니즘에 할당하는 것이 불가능해진다. 친족은 이러한 결점의 고전적인 예시이다. 사회생물학의 관점에서 친족간 유대의 기능은 이타주의를 성문화하고 안정화하는 것이다. 다시 말해 우리는 우리 자신이 물려받은 유전자를 부분적으로 공유하는 친척을 통해 [종족의] 생존을 보장받기 위해 죽을 각오로 친척을 보호하려는 성향을 타고난다는 것이다. 그러나 이러한 순환적 추론 하에서 친족을 에워싼 개인들을 분류하고 다루는 방법들의 엄청난 다양성은 설명되지 않는데, 그 방법의 대다수는 결과적으로 정확히 혈연관계의 친척을 유전적 유사성의 높은 비율에도 불구하고 일가친척에서 제외하거나 반대로 유전적 관계가 전혀 없는 개인을 포함한다.

리처드 도킨스(Richard Dawkins)가 만든 용어인 밈학에 관해 말하자면, 이 개념은 '밈들(memes)', 즉 문화를 구성하고 때에 따라 적응우위를 제공할 수도 있는 정보 요소들의 자연선택에 관한 연구에 기초한 접근법을 제시함으로써 지금의 문화과학을 대체하는 것을 목표로 한다. 이 이론은 문화 시스템 내에서 정보의 개별 단위를 구성할 수 있는 그 무엇에 대한 사소하지 않은 정의를 제공할 수 없음을 알게 될 때 임계점에 도달한다. 그러한 정의의 문제는 '밈 주의자들'이 인정하지 않겠지만 이미 19세기 말엽 기술과 관념의 전파를 둘러싼 논쟁이 있은 이래 인류학의 고전적 문제로 자리 잡아 왔다.

그러나 인간 제도의 다양성에 접근하는 방식에서의 분할은 한쪽에 체질인류학과 그것의 신다윈주의적 부흥을 놓고 다른 한쪽에 사회인류학과 문화인류학 각각의 여러 부문을 놓는 것으로 끝나지 않는다. 후자 안에서도 접근 방식이 분할되는데,

아마도 접점의 대상을 연구하는 다른 어떤 분야에서보다 그 분할이 훨씬 더 뚜렷할 것이다. 실제로 한 세기 이상 사회인류학과 문화인류학은 자연과 문화 사이, 유기체를 포함한 인간의 삶을 조절하는 물리적 결정성과 이 결정성에 부여되는 현란하리만치 다양한 의미 사이를 중재하는 매개의 과학으로서 스스로를 정의해왔다. 세계의 이원성, 즉 보편적인 물질적 규칙성과 특수한 가치체계 사이의 분리는 인류학 대상의 구성적 차원을 이뤘고, 인류학은 이 이원성을 도전 과제로 삼아 마르지 않는 독창성을 발휘해서 현실의 두 평면 사이의 격차를 줄이고자 했다.

그렇지만 여전히 내가 이 책자에서 보여주려는 것처럼, 최초의 전제, 말하자면 인간의 경험은 별개의 원리에 각각 지배받는 두 현상의 장이 공존한 결과로서 이해되어야 한다는 사실을 우리가 계속해서 받아들이는 한 그러한 과업은 수행 불가능한 숙제로 남는다. 이 논의의 물꼬를 트기 위해 다음의 논쟁을 검토해보자. 학문적 논증은 평소보다 더 명확한 방식으로 적대적인 입장을 제시할 수 있는 이점이 있다. 지금 우리가 맞닥뜨린 입장의 대립은 다음과 같다. 한쪽에서는 인간과 환경의 관계를 소위 천연자원의 사용과 통제와 변형이 초래하는 제약의 측면에서 고찰해야 한다고 주장하는 사람들이 있고, 다른 한쪽에서는 그보다도 자연이 그 한계와 기능 방식에서 동질적이라고 해도 상징적인 측면에서는 이질적이므로 자연의 상징적 조작의 특수성을 통해 인간과 환경의 관계에 접근하자는 사람들이 있다. 두 입장 사이의 갈등이 첨예하게 보일 수 있지만, 이들은 모두 자연과 사회의 이원성에 관해 같은 전제를 공유하고 있고 게다가 이 전제에 어떤 의문도 제기하지 않는다. 그러므로 이 전제가 인류학적 접근의 여러 단계에 어떤 영향을 미치는지를 탐구함으로써 이 전제를 드러낼 필요가 있다. 인류학적 연구 대상의 규정, 그 대상을 다루는 연구방법, 자연의 지식 양상에 관한 논의, 그리고 특히 이 세 번째 문제가 근대인(Moderns)에게 어떤 식으로 제기되는지를 살펴봐야 한다. 근대인으로서 인류학자는 비근대인(non-moderns)을 민족학적으로 연구하기 위해 특유의 연구수단을 개발해왔고 이 연구수단을 사용하는 와중에 저 세 번째 문제에 맞닥뜨렸을 때 그것을 풀어갈 방법을 찾지 못했다. 왜 그런지를 파고들어야 한다.

마지막으로 우리는 이 난관들을 어떻게 헤쳐갈지를 자문할 것이다. 자연과 사회, 인간과 비인간, 개인과 집단을 이전과 다른 새로운 아상블라주(assemblage)* 속에서 어떻게

---

* 아상블라주(assemblage)는 질 들뢰즈와 펠릭스 가타리가 『천 개의 고원 *Mille Plateaux*』(1980)에서 개념적 용어로 사용한 '배치(Agencement)'의 영어 대응어이다. 책 제목에서 알 수 있듯이, 이 책은 지질학의 용어로 전개되는데, 가상적인 것을 '지구', 집약적인 것을 '일관성', 현실적인 것을 '지층 시스템'이라고 부르며 시스템의 현실화, 즉 존재하게 되는 모든 것의 지층화로 나아가는 집약적인 경향을 논한다. 여기서 아상블라주는 계층화되는 존재의 배치 혹은 배치물을 말한다(이 책 3장 참조). 이후 이 용어는 여러 분야에서 광범위하게 사용되어왔는데, 특히 존재론의 인류학에서는 인간이든 비인간이든 영혼이든 사물이든 존재하는 것들 간의 관계에서 유동성과 교환 가능성과 다기능성을 강조하는 맥락에서 사용된다. 다시 말해 관계하는 것들은 고정불변의 기능과 구조를 가진 전체 중 일부로서가 아니라 잠재적이나 현실적인 상호관계를 통해 조립되고 배치되는 집합체 곧 아상블라주를 구성한다.

재구성할 것인가? 이 속에서 그것들은 이제 물질, 과정, 표상 사이로 흩어진 채 나타나지 않고 서로에 대해 차지하는 위치에 따라 존재론적 지위와 행동 역량이 다변하는 다중적 개체 간 관계의 제도화된 표현으로서 나타날 것이다. 여러 행동과학과 생명과학에서 차용된 관계의 생태학은 이러한 재구성을 통해 조성될 것이다. 우리는 세계 곳곳에서 그 조짐의 근거를 알아볼 수 있을 것이며, 인류학은 인간중심주의(anthropocentrism)의 상당 부분을 포기하는 데에 동의해야만 그러한 재구성에 이바지할 수 있을 것이다.

1장
조개 논쟁

과학의 사회학 및 인류학은 과학적 문제의 위상을 파악하는 가장 좋은 방법이란 논란을 파헤치는 것임을 우리에게 가르쳐 주었다. 내가 시발점으로 삼은 하나는 다소 지난 일이지만, 인류학이 19세기 말경 자연과 문화 간 접점의 과학으로서 처음 구성되었을 때부터 떠안을 수밖에 없었던 여러 난제를 종합적으로 잘 보여준다. 지금 다룰 것은 1976년 인류학 잡지 「인간 L'Homme」에서 벌어진 논쟁이다. 대서양을 사이에 두고 이 분야의 위대한 두 인물이 격돌했다. 그들은 바로 구조인류학의 창시자 클로드 레비스트로스(Claude Lévi-Strauss)와 당시 컬럼비아 대학의 교수이자 문화유물론의 선도자였던 마빈 해리스(Marvin Harris)이다.* 논쟁은

---

* 1976년 「인간」에서 벌어진 마빈 해리스와 레비스트로스의 논쟁은 다음의 두 논문을 참조. Harris, Marvin. 1976. "Lévi-Strauss et la palourde: Réponse à la Conférence Gildersleeve de 1972." *L'Homme*. 16(2): 5-22; Lévi-Strauss, Claude. 1976. "Structuralisme et empirisme." *L'Homme*. 16(2): 23-29

격렬했는데, 논점은 오스트레일리아 친족 체계나 뉴기니의 의례에 관한 것이 아니라 오히려 북미 해안가에 흔하게 널려있는 거대 이매패류 조개에 달린 사이펀의 치수, 색깔, 식이 가치에 관한 것이었다.

사이펀의 적절한 사용에 관하여

논쟁이 일어나게 된 경위를 간략하게 살펴보자. 이 일이 있기 4년 전 레비스트로스는 바너드 칼리지(Barnard College)에서 길더슬리브 강연(Gildersleeve Lecture)*을 행했다. 강연에서 그는 신화적 사고가 자연환경의 요소를 유의미한 시스템으로 조직해낼 때에 신화화의 작업 속에서 정신 작용과 생태학적 결정자(determinant) 각각이 어떤 역할을 하는지를 구체적으로 명시했다. 레비스트로스의 입장에서 이 강연은 점점 더 많은 북아메리카 인류학자들이 그에게 관념론의 혐의를 씌워 비난하는 것에 대해 그 자신이 직접 적진의 한가운데서 응대해야 하는 자리였다. 북아메리카 인류학자들은 환경이 사회에 가하는 제약 속에, 또 환경의 제약으로 일어나는

---

* 길더슬리브 강연은 1911년부터 1951년까지 40년간 바너드 칼리지의 학장으로 재임하며 미국 내 여성의 사회적, 정치적 지위 향상과 흑인의 인종차별 철폐에 앞장선 버지니아 길더슬리브(Virginia Gildersleeve, 1877~1965)를 기념하는 연례강연회를 말한다. 레비스트로스는 1972년 3월 28일 「구조주의와 생태학 Structuralism and ecology」(*Social Science Information*. 12(1): 7-23, 1973)이라는 주제로 이 강연회의 강사로 나섰다.

적응반응 속에 거의 모든 문화적 특수성의 기원과 원인이 있다고 보았다. 레비스트로스는 이미 『야생의 사고 La Pensée Sauvage』(1962)에서 전개한 주장을 되풀이하면서 한 사회가 자신의 주변 환경에서 한두 가지 양상을 선택해서 그것에 특정한 의미작용(signification)을 부여하고 신화적 구성물로 통합하는 방식에는 자동적이거나 예측할 수 있는 것이 아무것도 없다는 것을 보여주려고 노력했다. 이웃한 문화들이 종종 동일 종의 동물이나 식물에서 완전히 다른 특징적 형태를 가려내듯이 각기 다른 속(屬)이나 심지어 각기 다른 계(界)에 속한 종(種)들에 똑같은 상징적 기능을 부여할 수도 있다는 것이다. 그렇지만 지역 생태계의 구성요소에 귀속되는 독특한 특질들을 선택적으로 결정하는 자의성은 이 특질들이 일관된 시스템으로 조직된다는 사실에 의해 완화되고, 결국 지역 생태계의 특질들은 몇 안 되는 규칙에 따라 상호 변환된 것으로 분석될 수 있다. 요컨대 이웃 부족들에 기원한 신화가 같은 목적을 가지고 완전히 다른 특성의 동식물을 이용할 수 있으나, 그때 신화의 구조는 무작위적이지 않으며 거울과 같이 반전과 대칭의 효과에 따라서 스스로를 조직한다.

    레비스트로스는 강연에서 이러한 구조인류학의 기본원리를 예시를 들어 설명하기 위해 북아메리카의 몇몇 신화를 분석하기 시작했다. 논란이 된 것은 프란츠 보아스(Franz Boas)*가 수집한 브리티시 컬럼비아에서

---

*   프란츠 보아스(1858~1942)는 유대계 독일인이며, 유복하고 자유분방한 집안 환경에서 성장했다. 독일 북부 연안 도시에 있는 키엘 대학에서 물리학

전해오는 이야기였다. 캐나다 브리티시 컬럼비아의 태평양 연안에 자리 잡은 벨라벨라(Bella Bella) 족에는 괴물에 붙잡힌 한 아이가 여러 모험을 겪은 후 수호신의 조언에 힘입어 자유를 되찾는 데 성공했다는 이야기가 전해 내려온다. 아이의 아버지는 그 와중에 괴물의 소유물이었던 구리판, 모피, 무두질한 가죽, 말린 고기 등등을 훔쳐 와서 동료 부족민들에게 나눠주었다. 바로 이것이 포틀래치(potlatch)*의 기원이다. 그런데 아이가 자기를 가둔 괴물에게서 벗어난 방법이 범상치 않다. 아이는 괴물이 모아놓은 조개에서 사이펀을 떼어내 자기

박사학위를 받은 후 물리적 환경에 관한 지리적 연구를 목적으로 이누이트족을 현지 조사했다. 이 조사에서 보아스는 에스키모의 환경적응력과 독창적인 생활 양식에 깊은 감명을 받고 인류학자로서 방향 전환을 한다. 1896년 미국 자연사 박물관의 부관장과 컬럼비아 대학의 물리인류학 강사로 부임한 이래 아메리카 인디언 전수조사의 대형 프로젝트를 이끌면서 20세기 현대 인류학의 또 하나의 축을 형성했다. 그는 지구상의 다양한 인간집단을 야만에서 문명으로의 진화단계로 설명하는 진화론을 반대하고 전파, 교역, 환경 등의 요인에 따른 역사적 과정으로 설명하는 역사 특수주의와 그 결과로서 인간집단이 각기 다양한 문화양식을 구현하고 있다는 문화상대주의를 주장했다.

* 포틀래치는 20세기 초엽까지 북서부 아메리카의 태평양 연안의 원주민 사회에서 널리 유행한 선물교환 의례를 가리킨다. 특히 콰키우틀(Kwakiutl) 족의 포틀래치는 이웃 초청과 기증자 연설과 선물 분배의 형식적 절차가 매우 정교한 것으로 알려져 있다. 포틀래치는 결혼, 출산, 입사의례 등과 같은 주요 행사 때마다 부의 공적인 기증을 통해 기증자의 사회적 지위를 확인하고 검증하는 사회문화적 장치로서 기능했으며, 인류학적으로는 경제적 재분배와 사회적 구성의 상관관계의 한 예시로서, 사회학적으로는 사회적 지위의 과시가 과도한 소비를 유발한다는 '과시적 소비'의 한 예시로서 종종 언급되어왔다.

손가락 끝에 붙이고 괴물 앞에 흔들어대었다. 괴물은 그 모습에 놀라 나자빠져 벼랑 아래로 떨어졌고 그렇게 죽음을 맞이했다. 레비스트로스는 묻는다. 왜 그때 거인 식인괴물은 이처럼 하찮고 작은 관을 보고 공포에 질린 것일까? 실제로 사이펀은 너무나 보잘것없어 식용하지 않는다고 알려져 있다.

    레비스트로스에 따르면 이 수수께끼의 해답은 칠코틴(Chilcotin) 족 신화에서 찾을 수 있다. 칠코틴 족은 벨라벨라 족이 있는 곳과 그리 멀지 않은, 캐나다 태평양 연안에 접하여 상당히 길게 뻗어있는 산맥 너머 내륙에 산다. 칠코틴 족 신화에는 올빼미에게서 자란 한 소년의 이야기가 있다. 올빼미는 강력한 마법사였고 소년을 잘 보살펴주었다. 몇 년 후 소년의 부모는 아들의 은신처를 찾아내었고 같이 돌아가자고 아들을 설득했다. 올빼미가 도망치는 그들을 뒤쫓자 젊은 영웅은 산양의 뿔이 달린 그의 손을 발톱처럼 휘둘러서 올빼미를 겁주었다. 그리고 꾀 많은 소년은 조심스레 올빼미가 가진 뿔조개 껍데기를 빼앗았다. 이때부터 저 작고 하얀 조개껍질은 칠코틴 족의 가장 귀중한 물건이 되었다. 레비스트로스의 논평에 의하면, 벨라벨라 족 신화와 칠코틴 족 신화의 서사 구조가 같다는 것은 누구나 알 수 있는데 이는 두 신화 모두에서 소년이 인공 발톱을 사용해서 자기를 붙잡은 자에게서 벗어났으며 보물을 손에 쥐었다고 이야기하기 때문이다. 그렇지만 두 이야기에서 활용한 계략과 추구한 목표는 같은 반면 전자의 수단과 후자의 노획물은 대칭적으로 반전된다. 전자에서 해양계의 부드럽고 해롭지 않은 물체인 조개의 사이펀이 괴물로부터 육지의 보물을 획득할 수 있게

했다면, 후자에서는 육지 세계의 단단하고 위험한 물체인 산양의 뿔이 올빼미에게서 해양 자원을 획득할 수 있게 했다. 레비스트로스에 의하면 이러한 역전은 신화의 연료인 생태적, 기술-경제적 물질로 설명될 수 있지만, 그에 못지않게 신화적 논리의 특수한 변환 규칙으로도 충분히 설명 가능하다.
실제로 해안 부족들에게 바다의 생산물은 일상생활의 일부인 반면 괴물에게서 가져온 생산물은 내륙 부족들과의 교역을 통해야만 얻을 수 있다. 그리고 이번에는 내륙 부족들이 이 교환경로를 통해서 자기들이 그토록 원하는 뿔조개를 손에 넣는다. 이처럼 물건의 흐름은 신화적 변환을 특징짓는 교차(chiasma)*와 유사하다. 한 집단에 의해 흔하다는 이유로 평가절하된 어느 한 연체동물의 부속물은 다른 집단에게는 희귀하다는 이유로 평가절상된 또 다른 연체동물의 껍질과 반전의 대칭적 관계를 이룬다. 이러한 관계는 서로 다른 두 유형의 인구집단 각각의 자연환경 사이에서 얼마든지 찾아볼 수 있다.

그런데 해리스는 이러한 해석을 용납할 수 없었다.

---

*　교차(chiasma)는 교차대구(chiasmus)라고도 하며 'X(chi)를 만든다'라는 뜻의 그리스어에서 유래한다. '꽃은 사랑스럽고, 사랑은 꽃과 같다'와 같이 대구를 이루는 두 항을 교차시키는 수사법의 일종이다. 신화의 영역에서 교차대구는 신화적 사고를 조직하는 주요한 패턴이나 도식으로 쓰인다. 예를 들어 북아메리카 원주민 알곤킨(Algonkin) 족은 장례 후에 하위의 반족(半族) 간에 축구시합을 벌이는데, 장례를 치른 죽은 자의 반족은 산자의 반족을 이겨야(죽여야) 하고, 산자의 반족은 죽은 자의 반족에게 승리를 내어주고 죽은 자를 위로해야 한다(레비스트로스, 『야생의 사고』, 안정남 옮김, 한길사, 1999, 89-91쪽).

해리스의 시각에서 대다수의 신화, 의례, 식습관은 실천적인 유용성으로 환원될 수 있고, 깊고 난해한 정신 작용의 게임보다 그것들이 수행하는 적응 기능으로 더 잘 설명된다. 해리스는 자신이 교수로 재직하고 있는 컬럼비아 대학의 부속 기관인 바너드 칼리지에서 자신의 부재중에 진행된 길더슬리브 강연을 못마땅해했고, 그래서 레비스트로스를 가시 돋친 말로 비난했다. 괴물을 가로막은 간소한 장애물은 실은 말조개(학명 *Tresus capax* (Gould, 1850))이고 1m 높이까지 물을 뿜을 수 있는 사이펀이 달린 거대한 이매패류인데, 레비스트로스가 이 사실을 간과했다는 것이다. 또 사이펀은 안 먹고 버려지는 부위가 전혀 아니고 단백질로 가득한 소량의 별식으로 제공된다. 발톱 모양의 부속물로 장식되어 있으며, 특히 CIA가 주목할 정도로 유해사고를 낸 유독성 미생물을 함유하고 있다. 마지막으로 벨라벨라 족이 사이펀을 지칭하는 용어에서 알 수 있듯이 사이펀은 확실히 음경과 비슷하게 생겼다. 다시 말해 우리의 괴물은 부드럽고 무해한 작은 관에 겁먹은 것이 아니라 자기 코앞에서 아이가 흔들어대는 열 개의 거대하고 뿔처럼 생긴 유독한 남근에 겁먹은 것이다. 그러므로 해리스에 따르면, 벨라벨라 족 신화를 설명하기 위해 칠코틴 족 신화를 동원하는 것은 유용하지 않을뿐더러 해당 지역의 민족지에 나타나지도 않은 복잡한 교차(chiasma)를 끌어들이는 것은 이해에 별 도움이 되지 않는다.

    이 논평과 그 '과도한 경험주의'에 대해 레비스트로스는 조개류와 민족지에 관한 해박한 지식을 가지고 한 수 위에서 응대한다. 여기서는 레비스트로스 논증의 요점을 언급하는 것만으로 충분할 것이다. 신화의 모든 것이 가리키는 것은 다음과 같다. 문제로 삼은 이매패류는 말조개가 아니고 정말로 보통의 조개이며, 어떤 신화 버전에서는 조개 종류가 특정되지도 않는다. 오위케노(Owikeno) 족* 버전의 괴물 신화는 사이펀을 족사(足絲), 즉 바위에 붙은 홍합에서 분비되는 실뭉치로 대체한다. 따라서 주어진 신화의 의미작용(signification)과 단일 종 연체동물의 고유 기관이 갖는 특성을 억지로 꿰어맞추는 것은 부질없는 짓이다. 신화의 내용은 영원히 불변하는 것이 아니라, 지금 경우처럼 같은 내장기관을 가진 생물이 분포한 지역의 다양한 경험적 실례를 이리저리 담아내기도 하고, 이와 마찬가지로 개별 동물군에 속할 수 있는 각기 다른 기관의 다양한 경험적 실례를 이리저리 아우르기도 한다. 구조 분석은 이러한 패러다임의 모든 요소가 신화적 사고에 이용 가능하다는 것을 입증한다. "다만 우리는 되돌려져야 하는 변환(transformations)을 되돌려놓아야 하고, 이 변환의 실천을 대가로 같은 유형의 의미들을 개별적인 것이 아니라 변환과 함께 다변하는 다른 항들과 대립적인 것으로서 표현할 수 있다."**

조개를 둘러싼 격론은 일단락됐지만, 근본적인 문제는 남는다. 문화란 자연의 제약에 대응하는 적응 시스템이고 그에

---

*　오위케노 족은 캐나다 남서부 태평양 연안의 오위케노 강 유역에 자리 잡은 인디언 부족이다. 벨라벨라 족과 이웃하고 있고, 1848년 벨라벨라 족의 포틀래치에 손님으로 참여했다가 큰 공격을 받은 일화가 전해온다.

**　Lévi-Strauss, Claude. 1976. "Structuralisme et empirisme." *L'Homme*. 16(2): 23-29, p.28.

따라 궁극적으로 물질과 생명의 법칙에 종속된 메커니즘으로 설명될 수 있다고 보아야 할까? 아니면 문화 속에 생태환경 및 인간 신진대사의 필수요소와 결합한 유형의 관계를 끝까지 유지하는 별개의 현실 질서가 있다고 보아야 할까? 바꿔 말하면 문화의 과학은 자율적인가? 아니면 자연과학으로부터 일부 방법론과 약간의 결과물을 가져와야 비로소 엄밀함을 갖출 수 있는 것인가? 여기서 우리는 19세기 후반 인식론에서 끝맺었다고 믿은 문제를 인류학이 한 세기가 넘은 지금까지 예전과 똑같은 절박함으로 되묻고 있음을 깨닫는다. 이처럼 저 문제가 끝없이 되풀이되는 이유를 더 잘 이해하기 위해서는 레비스트로스의 반대자가 옹호하는 이론적 입장으로 잠시 되돌아갈 필요가 있다.

이론상의 생태학

마빈 해리스(Marvin Harris)는 '문화 생태학(cultural ecology)'의 주창자인 줄리언 스튜어드(Julian Steward)*를 중심으로 1950년대에 형성된 북아메리카 인류학의 유물론적

---

* 줄리언 스튜어드(1902~1972)는 버클리 대학과 코넬 대학에서 인류학과 지역지리학을 수학했다. 다선적 진화론의 관점에서 아메리카 인디언 의례의 제도적 기능을 연구했으며, 컬럼비아 대학과 일리노이 대학에서 인류학 교수를 역임했다. 『남아메리카 인디언 핸드북』의 발간을 주도하고 스미스소니언협회 산하의 〈사회인류학연구소〉를 설립하는 등 학계 안팎으로 아메리카의 인류학 발전에 많은 공헌을 하였다.

사조를 이은 다소 이단아 같은 후계자이다. 스튜어드의
야심은 비교 방법의 과학적 근거를 마련하는 수단으로서
사회현실의 분석에 지리적 상관성을 도입하는 것이었다.
이를 위해 그는 클라크 위슬러(Clark Wissler)*와 앨프리드
크로버(Alfred Kroeber)**가 앞서서 북아메리카 원주민의
문화권과 대륙의 생태 영역 간의 상관관계를 확립하려고
했을 때 구상한 프로젝트를 이어받았다. 그러나 여전히
독일 전파주의(diffusionism)의 자장 하에 있었던 두 저자와
대조적으로 스튜어드는 명백히 진화론적 관점에서 자신의
기획을 밀고 나갔다. 그의 기획은 각기 다른 문화권에
속하면서 유사한 환경 조건에 놓인 인구집단들의 형태학과
사회적 기능에서 상수를 도출하고, 이를 통해 사회들이
이러저러한 압력의 영향을 받아 환경에의 적응양식을
연속적으로 재조직하면서 겪게 되는 변화를 설명하는
것이었다. 스튜어드에 의하면, 생태적 제약은 '문화적

---

* 클라크 위슬러(1870~1940)은 컬럼비아 대학에서 심리학을 수학했다.
   1902년 미국 자연사박물관의 민족학 조수로 일하면서 보아즈 학파에
   참여하게 되었고, 그 일원으로서 북아메리카 인디언의 문화유물 수집과
   전시에 주력했다. 그러나 그는 보아즈의 반인종주의와 달리 우생학과
   인종주의에 일부 동조하였다.
** 앨프리드 크로버(1876~1960)는 독일 이민자 집안에서 태어났다. 1911년
   보아즈의 지도하에 컬럼비아 대학에서 인류학 박사학위를 받았다.
   1909년부터 1947년까지 버클리 캘리포니아 대학의 인류학 박물관
   관장을 역임했다. 그는 아메리카 북서부 지역의 인디언 부족의 언어를
   전수조사하여 계통적 분류를 시도하였으며, 그 외에도 아메리카 인디언의
   토지소유권확보를 위한 활동에 참여하였다.

핵심', 즉 천연자원의 개발을 둘러싼 기술과 행동과 제도의 아상블라주에 가장 현저하게 작용한다. 그에 따라 사회의 심장부와 그 역동적인 틀은 환경 관리에 직접적인 방식으로 간여하는 것으로 보일 수 있는 사회적, 정치적, 종교적 시스템의 다음과 같은 부문들로 구성된다. 주거지 분배, 노동 분업, 권한의 기능, 자원에 대한 권리 이전 방식, 생계 활동과 연계된 의례 등등. [스튜어드의 기획에서는] 각기 다른 문화적 핵심들 사이에 상동성이 가정되어 있어서 겉으로는 완전히 다르게 보이는 사회들도 집단유형별로, 예를 들어 부계 밴드, 부족, 군장 사회 등으로 분류되어 각각 다선 진화의 단계를 나타낼 수 있다.

그러나 이와 같은 설명은 한 사회의 수많은 특징적 요소—예를 들어 미학, 도덕적 가치, 신화, 특정한 종교적 믿음이나 의례적 태도—가 설명의 그물망을 빠져나가게 만든다. 이 요소들은 환경적 제약에의 적응수단과 끊긴 듯이 보이고, 이에 따라 비결정론적 해석을 쉽게 받아들이게 된다. 스튜어드가 보기에 이러한 '이차적 특질들'은 문화적 차용이나 지방적 혁신의 기발함에 달려있다. 그리고 그것들의 내용과 표현 양식이 매우 다양한 데다가 그것들을 집단 정체성의 상징으로 신봉하는 자들에 의해 그 특수주의가 유달리 강조되는 까닭에, 스타일이나 가치관에 나타나는 모든 차이가 기술경제의 비등한 수준에서 비슷한 생태계를 개발하는 사회들 사이에 존재하는 근본적인 구조적 유사성을 가로막아 버린다. 여기에 스튜어드 접근법의 모호함이 있다. 그의 접근법은 환경에 대한 사회문화적 적응을 비교 분석할 때의 진화론적이고 결정론적인 시각과 문화의 좀 더 비물질적인 측면을 설명할 때의 전파주의적이고 상대주의적인 관점을 한데 합치는 것인데, 특히 남아메리카 문화권에 관한 그의 종합적 연구에서 이 모호함이 두드러진다.

    스튜어드의 지적 유산의 상속자를 자처하는 연구자 중 일부는 서로 같은 조사방식을 추구해왔다. 대부분 고고학자인 그들은 특정 서식지와 기술의 상호작용 시스템을 연구해서 이를 통해 사회문화적 진화에 있어서 시계열적 변이의 원인을 찾고자 했다. 그들의 방법은 단순하다 못해 단조롭기까지 한데, 생태학적 제한 요인—예를 들어 토양의 비옥도—에서 상수를 도출한 다음 이러한 제약 속에서 사회들이 도달한 제도적 복잡성의 정도 차이를 생태학적 요인으로 해명하는 것이다. 이와 대조적으로 선도자 해리스를 뒤따르는 다른 연구자들은 스튜어드가 피하지 못한 인식론적, 방법론적 난관을 제거하려 했다. 다시 말해 그들은 사회의 각 부분에 대한 완전히 다른 두 유형의 설명, 즉 자원의 사회적 사용에 관계하는 결정론적이며 진화론적인 설명과 종교와 가치에 관계하는 전파주의적이고 우연적인 설명에 제각기 의존하지 않는 방도를 모색했다. 그리고 이 작업은 스튜어드가 이미 터놓았지만 불완전하게 닦인 길을 따라 진행되었다. 말하자면 그들은 '이차적 특질들'을 생태학적 결정론이라는 최종적으로 통일된 분야에 통합하려 했다. 그 결과 한때 문화 생태학의 창시자를 절절매게 만든 기괴한 미신, 별다른 기능 없는 관습, 종교적 상상력에 의한 대대적인 움직임 등의 모든 것이 명료해졌다. 스튜어드의 가장 대담한 계승자들이 보기에 의례적인 식인

풍습, 식이 금기, 중세의 마법이나 메시아 운동은 주어진 환경의 제약에 대한 적응반응에 불과했다. 해리스가 '문화의 수수께끼'라고 부른 것을 풀어내는 작업에 착수하면서, 이후 '문화유물론(cultural materialism)'으로 개칭하게 되는 생태학적 결정론(ecological determinism)은 단일한 설명방법 덕분에 사회 분야의 총체성을 장악할 수 있었다.

그러나 이렇게 병합된 사회적 장은 유독 그 자율성이 제한되고 생물학적 인과관계로 풀이되는 메커니즘 및 과정의 단순한 부수 현상으로 환원되고 말았다. 이러한 환원주의의 적절한 예시는 에릭 로스(Eric Ross)의 1978년 논문 「음식 금기, 식이요법, 그리고 사냥 전략 Food Taboos, Diet and Hunting Strategy」에서 제시한 지바로(Jivaro) 족 사람들의 나무늘보 식이 금기에 대한 설명이다. 해리스의 제자인 이 저자는 아마존의 수많은 아메리카 원주민 집단에 공통하는 맥과 사슴의 식용 금지가 작업 배분의 무의식적인 최적화를 문화적 원리로 번역한 것이라는 가설에서 출발한다. 즉 소요된 에너지와 획득된 에너지 간의 비율의 측면에서 보통 희귀하고 경계심 많은 대형 포유류를 사냥하는 것은 비교적 풍부하고 맞히기 쉬운 작은 사냥감을 쫓는 것보다 더 많은 대가를 치러야 한다는, 흔히 하는 생각을 전제로 삼는다. 이 기묘한 최적화 계산법은 신고전파 경제학 학설에서 유래한 합리적 의사결정 이론으로부터 영감을 받은 것이지만, 지바로 사람들의 행위를 규제하는 것은 금기이므로 계산법에서 행위자 측의 의도적인 행위가 배제된다. 이것은 당연히 그들이

근대 세계의 호모 에코노미쿠스(*Homo oeconomicus*)*에
특유한 수단과 목적의 이해도에 아직 완벽히 도달하지 못했기
때문이고, 그래서 그들은 생업 기술의 효율성을 더욱 높이기
위해 신비한 집단 무의식의 원조가 필요하다는 것이다.

    그런데 지바로 사람들이 맥과 사슴고기를 먹지 않는
것으로 끝나지 않고 나무늘보와 같이 더 작고 덜 희귀한
포유동물의 섭취마저 삼가기 때문에, 위와 같이 문화적
측면에서 명쾌한 시각은 일부 예외적인 설명을 허용할
수밖에 없다. 그리고 저 공리주의적 사고는 쓸모없는 제도를
기피하므로, 어떤 경제적 근거로도 정당화될 것 같지 않은 이
식이 금기가 어떤 적응 기능을 완수하는지가 설명되어야만
한다. 그렇게 해서 내놓은 해명은 나무늘보가 다른 종의
포유류가 안 먹고 지나치는 특정 식물을 섭취하고 그 결과
특정량의 식물성 바이오매스를 동물성 바이오매스로 전환할
수 있는 유일한 포유류라는 사고에 기반한다. (그래서
나무늘보는 [먹지 않고] 보존할 필요가 있다.) 게다가
나무늘보의 배설물은 토양을 비옥하게 하여 특정 나무종의

---

*   호모 에코노미쿠스는 영국의 철학자이자 정치경제학자인 존 스튜어트
    밀이 1836년에 「정치경제학의 정의와 그 적절한 탐구방법에 관하여 On the
    Definition of Political Economy and on the Method of Investigation Proper to
    It」라는 논문에서 처음으로 사용한 용어이다. 여기서 호모 에코노미쿠스는
    "부를 소유하려 하고 그 목표를 이루기 위해 수단의 비교 효용성을 판단할
    수 있는 인간"을 가리켰다. 이후 신고전파 경제학에서 경제적 합리성을
    추구하는, 다시 말해 가장 효율적인 방식으로 경제적 이익을 극대화하는
    인간의 본성을 뜻하는 용어로 사용해왔다.

성장을 촉진하는데, 이 나무의 열매가 바로 지바로 사람들이 사냥하는 여러 종의 원숭이의 먹이가 된다. 로스에 따르면, 이빨 없는 저 태평한 생명체들은 자기들만 이용하는 식물 종 군집으로부터 인간에게 중요한 단백질 공급원을 구성하는 동물 개체군으로 이어지는 영양 사슬에 있어서 절대적으로 중요한 역할을 맡는다. 현명할뿐더러 멀리 내다볼 줄 아는 금기는 바로 저 역할을 영속시킨다.

기발하면서도 순진무구한 판글로스*의 추론은 이른바 이론상의 생태학이 갖는 허점을 들추어낸다. 나의 지바로 친구는 과장 섞인 투로 나무늘보는 배변 없이 태음력으로 한 달을 지낼 수 있다고 말하곤 하고, 좀 더 까다로운 박물학자들은 이 주기를 일주일로 훨씬 줄여 말한다. 나무늘보의 미미한 운동량을 고려해도 과연 이 참을성의 대가가 자기 배설물을 가지고 자기가 매달린 나무 밑 토양을 비옥하게 하는 데에 얼마나 공헌할 수 있을지는 충분히 의문스러울 수 있다. 이 수수한 토양 조절기와 원숭이 개체군 동태 간의 인과관계, 그리고 후자와 지바로 족의

---

* 판글로스는 프랑스의 계몽주의 작가인 볼테르(1694~1778)의 풍자소설 『캉디드』에 나오는 현학적이고 늙은 가정교사의 이름이다. 판글로스(Pangloss)는 '모든 것'을 뜻하는 고대 그리스어 'pan'과 '말'을 뜻하는 'glossa'를 조합한 것으로 늙은 가정교사가 수다스러운 입담의 소유자임을 시사한다. 소설에서 그는 "모든 것이 가능한 세상에서 가장 좋은 것은 모든 것을 위한 것"이라고 주장하며 잔혹한 현실과 큰 고통 속에서도 세상을 낙천적으로 관망하는 인물이다. 볼테르는 판글로스의 입담을 통해 계몽주의의 낙관론을 풍자하였다.

식이 균형 간의 인과관계에 대해서는 독자 여러분의 의견에
맡기도록 하겠다. 여하간 이러한 종류의 접근법은 생물학적,
생태학적 데이터에 대한 엉성한 조작일 뿐만 아니라 무엇보다
환원주의의 한 형식을 보여준다. 이 환원주의는 식이 금기라는
사회제도의 설명을 비인간 유기체들 사이의 순전히 가설적인
상호작용에 종속시키는 프로젝트에서 사치스럽기까지
하다. 연구 대상은 '문화적인' 것이며 특정 사회의 특이한
부차적 규칙이라고 주장하는 한편, 분석 방법은 식이 금기를
궁극적으로 동물과 식물 군집 사이에서 행해지는 일련의
적응조절에 대한 기능적 반응으로 간주함으로써 금기의
특이성을 부정한다. 이렇듯 문화 현상의 존재를 정당화하는
과제는 생물학에 부여되는데, 이때 생물학은 부분적으로
상상적이다. 즉 그것은 과학 생태학이라기보다 르네상스
시대의 박물학자를 연상시키는 어리숙한 목적론과 준(準)
학술적인 사변의 융합이다.

    이처럼 문화의 수수께끼는 자연적 원인에 의해
해명되지만, 생태학적 유물론의 이 가정은 자연과학과
문화과학 각각의 관할권을 흔들기는커녕 오히려 학문
분야들이 제각기 확립되는 데에서 구분의 기초가 되는
방법론의 분리를 강화한다. 지적인 연원이 19세기 후반 독일
[전파주의]에 있는 아메리카 인류학은 그로 인해 일찍부터
문화적 현실에 대해 각자의 언어로 표현되며 각자의 역사적
궤적을 그리는 독자적인 현상으로 이해하고자 했고, 이
접근법을 가지고 체계적인 상대주의의 색채를 띤 내부적
해석을 내놓을 수 있었다. 문화에 대한 참된 과학적 접근법을

찾으려는 해리스의 고군분투에 활력을 불어넣은 것은 바로 이러한 상대주의에 대한 비판의식이다. 그는 자연과 사회 간 이원론의 정당성을 한 치도 의심하지 않았다. 다시 말해 그는 당장 눈앞에 떨어진 인류학의 과제를 해결하느라 급급했고, 그의 문화 연구는 인류학이 일부 사고과정을 빚진 자연과학에 뒷받침되었다. 정리하면 과학과 인문학 간의 인식론적 긴장관계가 어느 정도 아메리카 인류학에 옮겨왔을 수 있지만, 그렇다고 이 분야의 대상에 대한 이해, 달리 말해 연구 대상의 포착방식을 조직하는 전반적으로 암묵적인 이 분야의 지식철학(gnoseology)*에까지 영향을 미친 것은 아니다.

레비스트로스의 두 자연

이제 레비스트로스의 논의로 되돌아오자. 해리스는 레비스트로스가 비타협적인 '유심론(mentalism)'을 주창한다고 비난했지만, 레비스트로스는 유심론은커녕 생태학적 결정론의 투사들이 비호하는 것보다 훨씬 더 급진적으로 자연주의적 접근법을 인간 속에서 구현한다. 실상 여기서 자연은 같은 자연이 아니다. 해리스의 자연은

* 지식철학(gnoseology)은 '지식'을 뜻하는 고대 그리스어 'gnose'와 '말' 또는 '대화'를 뜻하는 'logos'의 조합어이다. 고대 그리스 철학에서 이 용어는 감각적 지각과 지성의 결합에 의한 기억을 가리켰고, 근대 과학에서는 지식의 기원과 증명 과정을 가리켰다. 통상적으로 이 말은 지식의 기초와 본질 및 한계를 둘러싼 철학적 이론을 가리킨다.

지리적 환경이 사회생활의 발전에 가하는 제약의 총합으로
구성되는 반면, 레비스트로스의 자연은 인간 인식의 유기적
메커니즘을 가장 먼저 가리킨다. 첫 번째 경우에서 자연은
인간에게 영향력을 행사하는 비인간들의 집합체이고, 두
번째 경우에서 자연은 인간적 삶의 생물학적 틀이다. 사실
레비스트로스는 자연을 사회들이 순응해야 하는 물질적
토대로서 규정하는 첫 번째 정의에 그다지 관심이 없었다.
그에 따르면, 현실의 이러한 측면에 관한 연구는 민족지,
역사, 문화적 기술(技術)과 관련되며, 구조인류학과는 거리가
멀다. 그리고 그것들은 무엇보다 그 속에서 관념 체계로서
이해되는 이데올로기 연구에 초점을 맞춘다. 이에 반해 그는
'문화에 경험적 내용을 이입하는 지적 조작은 인간의 생물학적
본성이 통제한다'라는 자신의 신념을 단 한 번도 저버린 적이
없으며, 언젠가는 정신의 산물에 대한 해석이 뇌 생리학에
전적으로 의존하게 될 것이라는 희망을 품기까지 했다. 가히
물리주의자(physicalist)의 신앙고백이라 할 것이며, 누구나 알
수 있듯이 해리스의 유물론과는 비교가 안 될 정도로 대단히
급진적이다. 이것은 레비스트로스의 작업 속에 하부구조에
대한 무관심과 지식 이론의 강조 간의 어떤 기묘한 조합을
불러왔다. 한편에서 확실히 그는 마르크스주의의 용어로
'하부구조의 질서'라고 부른 것, 즉 물질의 흐름에 대한 제도적,
기술적 조직화에 그다지 관심이 없었고, 다른 한편에서는
지식 이론이 모든 책임을 떠안아야 한다고 주장했다. 문제는
그의 지식 이론이란 정신이 세계에 의미를 부여함과 동시에
그와 같은 세계의 일부이며 심지어 그 결과라는 사실을

강조함으로써 통상의 인지적 실재론을 거스른다는 점이다.

길더슬리브 강연은 관념론의 한 형식과 유물론의 한 형식이 만들어낸 역설적인 결연을 생생하게 이야기해준다. 레비스트로스는 자신만의 지식철학에 충실하여 정신과 물질의 대립을 거부하고 동시적이면서 상호보완적으로 작동하는 두 결정론의 소위 대등한 상호작용으로 대체한다. 하나는 기술-경제적 유형으로서 사회와 특정 환경과의 지속적인 관계에서 발생하는 제약을 정신에 부과하는 결정론이고, 다른 하나는 정신의 기능에 내재한 요건을 명시적으로 드러냄으로써 정신의 보편적인 영향력을 행사하는 결정론이다. 첫 번째 유형의 결정론이 기능하는 바를 이해하려면, 정신이 자연물을 유의미한 집합체로 구성하기 위해 자기에게 주어진 문화적 맥락에서 자연물을 선택하는 데에서 정신에 의해 선택된 자연물의 객관적인 특성에 관해 상당한 지식을 갖춰야 한다.

가령 어느 한 신화에서 특정 새가 맡은 역할을 해명하려면, 신화의 이러저러한 속성을 이야기하는 데에서 왜 이러저러한 형태학적 혹은 행동적 특질이 선택되는지를 이해할 목적으로 새에 대해 가능한 한 많은 것을 알아야 한다. 우리는 레비스트로스가 자신이 연구하는 신화의 종족집단이 처한 지리적 환경, 그 속에 분포하는 동물상과 식물군에 대해 가능한 한 상세한 정보를 얻기 위해 항상 세심한 주의를 기울였다는 것을 알고 있다. 이 지식은 이웃한 사회들이 어떻게 지역 환경의 각기 다른 특성을 이용해서 대등한 신화적 기능을 수행하는지를 밝히는 데 필수적이다. 그러나 레비스트로스의 가장 큰 관심은 사고의 법칙을 발견하는 데에 있었다. 그래서 그는 두 번째 유형의 결정론, 말하자면 정신이 각기 다른 언어적, 지리적 맥락에서 어떻게 작용하는지를 이해하게 해주는 결정론을 주로 파고들었다. 여기서 정신은 작동하는 물질을 손수 선택하는 와중에 물리적, 사회적 환경의 지역적 특수성으로부터 제약을 받는다. 신화는 정신 결정론 연구에 특권적인 영역을 제공하는데, 그 이유는 신화가 외부 현실을 객관적으로 재현하는 기능이 없는 까닭에 정신 자체를 사고의 대상으로 삼는 정신의 작용을 특별히 예리하게 드러낼 수 있기 때문이다.

    레비스트로스가 길더슬리브 강연에서 강하게 주장한 정신 결정론과 환경 결정론의 대칭성은 이렇듯 환상에 가깝다. 물리적 환경은 궁극적으로 레비스트로스의 작업에서 상징화에 알맞은 속성의 자연물을 신화적 사고에 공급한다는 점에서 그 기능이 매우 부차적이다. 이 기능은 물론 유용하지만, 마빈 해리스와 같이 실용적인 상관성을 추종하는 이들의 호응을 얻을 리는 만무하다. 사회생활의 조직화를 둘러싼 생태학적 요인의 효과에 대해 레비스트로스가 보여준 무관심은 마르크스가 대략 구상했다고 하는 그 무엇의 연장선에 있는 '상부구조' 연구에 유독 끌린다는 그의 공언과 맞물린다. 이렇게 공식화된 그의 선택은 물질 활동 및 그 제약과 물질 활동의 상징적 틀이 분해된다는 것을 승인한다. 그런데 레비스트로스는 우주의 속성과 주체성의 지위가 상호 반향을 일으킨다는 일원론적 지식 이론을 옹호함으로써 이러한 분해를 회피하고자 했다. 이에 따라 상부구조의 수준으로 끌어 올려진 자연은 마치 정신이 기호들로 변환되는 요소들을 건져내는 감각적 성질의 저장고와 같은 곳이 된다. 이때 자연은 레비스트로스의 유명한 공식에 따르면 '생각하기 좋은' 자연이지만 그 이상도 이하도 아니다. 사람들이 뒤적이는 식물학이나 동물학 관련 서적에서처럼 수동적이고 도해로 가득한 이 자연은 분명 과격한 침략자라기보다 지리적 결정론에 따라 공상적으로 묘사되는 목적론적 자연에 가깝다. 그런데 이 자연은 레비스트로스가 종종 언급한 또 다른 자연, 즉 모든 인간의 정신적 과정이 동질적임을 보증할뿐더러 언젠가 우리가 그 메커니즘을 해명할 수 있을 것으로 기대하게 만드는 우리 종의 유기체적 자연이 아니다. 비인간 모음집인 자연이 다만 사고의 연료를 공급하는 주변적 지위로 밀려나는 것에 반해, 인간의 유기체적 자연은 정신의 작용을 물질의 속성으로 구조화하는 탁월한 기능을 태생부터 부여받게 된다. 레비스트로스에게 인간 외부에 있는 현실의 구조적 성질은 신경계에서 이 성질을 해독하는 수단인 코드와 다르지 않고, 지성계에서 물리적 대상의 성격을 설명하기 위해 사용하는 범주와도 다르지 않다. 요컨대 그는 길더슬리브 강연에서 말한 것처럼 "정신은 그것[세계]을 이해하려고 할 때 자연계 자체에서 일어나는 일들과 다르지 않은 부류의 작용을 응용할 뿐이다".*

의미 형성의 과정 자체를 거침없이 자연화하는 물리주의적 지식 이론 덕분에 레비스트로스는 모든 철학적 이원론을

---

* Lévi-Strauss, Claude. 1973. "Structuralism and Ecology." *Social Science Information.* 12(1): 7-23, p.22.

거부할 수 있었다. 그렇지만 저 지식 이론이 레비스트로스가
방법론상의 완벽한 이원론을 실행하는 것까지는 막을 수
없었다. 실제로 그의 신화분석에서 물리적 환경은 "[인간의
유기체적] 자연으로서", 다시 말해 인지와 지각의 기계를
통해 코드화되고 해독되고 재조합되는 인과적 효과,
구조적 특성, 분자회합*의 집합체로서 다뤄지지 않는다.
이렇게 되려면 우리가 아직 소유하지 못한 과학적인 도구가
필요하다. [레비스트로스의 신화분석에서] 인간의 외부에
있는 자연은 그보다 감각기관 및 뇌가 그 자체의 구문에
따라 텍스트를 생산하기 위해 사용하는 독특한 특질들에
관한 일종의 어휘목록으로서 가공된다. 그리고 신화분석이
궁극적으로 가능하다면, 그것은 바로 비인간 자연에 관한
어휘목록이 각 문화가 직면해야 하는 환경에 따라 달라지는
반면 이 요소들을 담론으로 조직하는 자연의 이해 문법은
그 자체의 관점에서는 달라지지 않기 때문이다. 이런 연유로
구조인류학은 역설적이다. 즉 구조인류학의 역설이란 자연
상대주의—환경의 다양성—가 어딘가에서 문화상대주의에
할당된 역할을 수행하는 가운데 그 분석 방법의 토대를 정신과
세계에 대한 일원론적 개념으로부터 창출한다는 것이다.
레비스트로스에 대해 특히 미국에서 그를 공격한 비평가들이
이야기한 것과는 달리, 레비스트로스는 자연과 문화, 신체와
정신, 지성과 감정의 분해 작업에 몰두하면서 검증할 수 없을

* 분자회합(molecular assembly)은 같은 물질의 분자 여러 개가 서로 결합하여 하나의 분자처럼 움직이는 현상을 말한다.

정도로 추상적인 이항대립을 통해 문자 없는 민족의 사상과 제도를 의도적으로 재구성했다고 알려진 순진한 이원론자가 아니다. 이제는 누구나 아는 사실이다. 자연과 문화의 대립을 문자 그대로 사용한 예를 찾기 위해서는 레비스트로스의 작업이 아니라 다른 저자들, 이를테면 민족학자나 역사학자의 작업을 살펴봐야 한다. 그들은 레비스트로스의 영향을 받아 구조 분석의 기초적인 몇 가지 절차를 일종의 비법으로 활용했지만, 이 접근법이 방법상의 이원론을 부분적으로 상쇄시키는 일원론적 지식 이론과 불가분하다는 것은 제대로 이해하지 못했다.

나는 이러한 흐름을 보여주는 것으로 영국 인류학 내에서 내 맘대로 골라잡은 예시 하나만을 들어보겠다. 영국 내에서 레비스트로스의 기획은 뒤르켐 사회학의 기능주의를 그 기초적 원리는 포기하지 않으면서 우회하는 방법의 하나로 인식되었다. 여성주의자들 사이에서 일어난 논쟁으로 유명해진 논문 「신념과 여성 문제 Belief and the Problem of Women」(1972)에서 이 논문의 저자인 에드윈 아데너(Edwin Ardener)*는 민족지학자의 성별이 남성이든 여성이든 제보자는 대부분 남성이라는 사실 때문에 민족학 문헌에서 여성의 관점이 거의 나타나지 않는다고 주장한다. 이 주장은 1970년대

---

* 에드윈 아데너(1927~1987)는 런던정경대학에서 인류학을 수학한 후 에번스프리처드의 초청을 받아 옥스퍼드 대학에서 사회인류학을 가르쳤다. 그는 아프리카 카메룬의 주술에 관한 연구를 통해 사회적 담론에서 여성이 배제되는 이른바 여성의 '무음성(muted)'을 논하며 인류학 연구에서 젠더 문제를 환기시켰다.

초반인 당시로는 획기적인 사고방식이었다. 아데너는 카메룬 바퀘리(Bakweri) 족의 사례에서 더 나아가 자신의 주장을 더욱 일반화하여 여성의 우주론은 [남성] 민족지학자가 제대로 이해하기가 어려운 탓에 여성의 목소리가 더더욱 들리지 않게 되었다고 지적한다. 남성들이 사회를 자연과는 뚜렷이 구별되는 자율적인 총체로서 표상하고 또 자신들의 지배 영역의 제도와 규칙에 관해 장황하게 이야기하기를 좋아하는 것과는 대조적으로 여성들은 남성적, 사회적 영역의 주변부, 이를테면 황무지와 마을 세계 간 접점지대에 스스로를 위치 짓는 경향이 있다. 아데너는 레비스트로스의 계승자를 자처했지만, 자연과 문화의 대립이 사물의 질서에 깊이 자리 잡을 수 있다는 것에 의문을 제기한 레비스트로스를 비난했다. 레비스트로스와 반대로 영국 인류학자에게 이 대립은 객관적인 토대를 제공했다. 그것은 서로 다른 해부학적 구조의 두 유형 분할—성별의 차이, 인간과 비인간의 차이—이 서로 부합해야 하는 논리적 필요성의 결과였다. 그리하여 아데너에 의하면, 한쪽에는 여성과 자연이 있고 다른 한쪽에는 남성적인 세계와 문화가 있으며 이 사이에 공통 방정식이 있다. 이 방정식은 자기와 비자기, 익숙한 것과 야생적인 것, 내부자와 외부자 사이를 차별화하는 방정식과 상동적이다. 이런 종류의 분석은 매우 널리 퍼져 있어서 자세히 설명할 필요도 없다. 구조주의에서 매혹적인 단순성의 과정만을 남겨둔 채 구조주의에 의탁하는 사람들은 사물, 사람, 속성, 관계를 둘로 줄 세우는 한에서는 현실 세계의 복잡성을 설명할 의무를 이행하지 않아도 된다고 생각한다. 이윽고 이러한 이분법은 실체를 갖게 되고, 너무나 다양한 사회들이 세계와의 관계나 타자와의 관계를 매개하는 수단으로서 독특한 대립들을 어떻게 조직화해왔는지에 대한 감지 가능성을 배제한다.

2장
인류학적 이원론

나는 왜 인류학계에 불었던 '유물론'과 '유심론'의 대립적인
논쟁을 이토록 파고드는 것일까? 내가 채택한 이 단순한
용어는 미국을 한때 훑고 지나간 것에 불과하지 않은가? 이
학문 분야는 곤경에 처하자 지적 수단을 찾아 난관을 극복했고,
나는 그저 지난 국면을 트집 잡을 뿐이지 않은가? 전혀 아니다.
자연주의적 환원주의와 기호론적 관념론은 여전히 건재하고,
인간과 비인간의 관계를 더 잘 이해하기 위해 애쓰는 모든
이들이 놓일 수밖에 없는 인식론적 연속체의 양 축을 형성하고
있다. 물론 누구도 스펙트럼의 양극단에 있다고 표명하지
않으며, 특히 지리적 가능론(geographical possibilism)*이
사회와 그 환경 간 관계의 사회과학적 이해방식에 지속적으로

---

* 지리적 가능론이란 환경이 사회에 제약이나 한계를 부과하기는 하지만
문화는 인간의 지성과 같은 그 외의 사회적 조건에 의해 결정된다고
주장하는 이론이다. 환경 결정론에 대한 대안적 접근법으로 제기되며 환경
결정론과 대립한다.

영향을 주는 프랑스에서는 더욱 그렇다. 그렇지만 세계가
상호의존성을 보여줄 필요가 있는 두 개의 개별 현상의 장으로
나뉠 수 있다고 인류학이 가정하는 한에서, 논쟁의 양 축은
인류학이 빠진 모순을 특히 명확하게 보여주는 장점이 있다.
연속체의 한쪽 끝에서는 자연이란 인지적 보편성, 유전적 인자,
생리적 욕구, 지리적 제약 등을 마구잡이로 수집할 수 있게
하는 편리한 포괄용어이며 문화는 그러한 자연의 산물이라고
단언할 것이다. 반대쪽 끝에서는 자연이란 내버려두면
언제까지나 말이 없고 그 자체로는 불가사의하며 문화가
자연에 부착하는 기호와 상징으로 번역될 때에만 유의미한
현실로서 존재하게 된다고 역설할 것이다.

능산적 자연, 소산적 자연

만일 우리가 위의 선택지를 좀 더 깊이 고민해보고 다른
대안을 찾고자 한다면, '능산적 자연(*natura naturans*)'과 '소산적
자연(*natura naturata*)'의 구분을 참조해볼 수 있다. 이 말은
스피노자가 한쪽에 만물의 원인으로서 신을 놓고 다른 한쪽에
비인칭적 권위의 소산으로서 만물을 이해하는 과정, 목적,
수단의 총체를 놓은 다음 양자 사이의 연관성을 증명하기 위해
사용한 개념적 용어이다.* 이 한 쌍의 용어를 통해 스피노자는

---

*   'natura naturans'와 'natura naturata'는 12세기 이슬람 철학자
      아베로이스(Averroës)가 아리스토텔레스의 『전체론』을 라틴어로

절대적인 결정성의 원천으로서의 '능산적(能産的) 자연'과 주어진 인과성의 원천과는 독립적으로 연구 가능한 존재, 사고, 행위에 의한 결정성의 실현으로서의 '소산적(所産的) 자연'을 대립시킬 수 있었다. 그러나 논쟁적 대립의 극단적 관점에서 문제 상황을 특징짓는 것은 방법적으로 중간 상태, 타협, 다양한 형태의 중재가 배제되는 듯한 약점이 있다. 이 와중에 여전히 능산적 자연의 엄격한 자연주의자들과 소산적 자연의 완고한 문화주의자들 사이에서 어느 한쪽으로 미끄러지기가 너무나 쉬운 위험을 감수하고서라도 양쪽이 맞닿은 좁은 길을 가려는 자들이 있다.

수많은 지리학자, 사회학자, 인류학자, 철학자가 두 독단 간의 대치를 피해 우회하는 변증법적 운동을 찾아내려고 고군분투해왔다. 모리스 고들리에(Maurice Godelier)가 『정신과 물질 The Mental and the Material』(1986)에서 논한 것과 같이, 사회적 관계 형성에서 사고와 물리적 현실의 역할을 분석할 때에 '정신과 물질'을 짝지어 엮으려고 노력한 학자들이

> 번역하면서 만든 말이다. 자연이라는 의미의 'natura'에 현재 혹은 능동을 뜻하는 라틴어 접미사 -ans를 붙여 만든 전자는 '만들고 있는 자연'을 뜻하고, 과거 혹은 수동을 뜻하는 라틴어 접미사 -ata를 붙여 만든 후자는 '이미 만들어진 자연'을 뜻한다. 스피노자는 『에티카』(1부, 정리 29, 주석)에서 능산적 자연을 "그 자체 안에 존재하며 그 자신에 의하여 파악되는 것, 아니면 영원하고 무한한 본질을 표현하는 실체의 속성들, 즉 자유로운 원인으로 고찰되는 신"으로, 소산적 자연을 "신의 본성이나 신의 각 속성의 필연성에서 생기는 모든 것, 즉 신 안에 존재하며 신 없이는 존재할 수도 없고 파악될 수도 없는 그러한 것으로 고찰되는 신의 속성들의 모든 양태"로 정의한다.

있다. 또 오귀스탱 베르크(Augustin Berque)*가『풍토성 *Médiance*』(1990)에서 제안한 것처럼, 환경적 '통태(通態, trajection)'라는 매개수단, 즉 객관적인 현실인 동시에 주관적인 현실로서 이해되는 환경의 자질을 개괄적으로 서술한 학자들도 있다. 그렇지만 여전히 다른 이들은 내가 전에 『자연의 사회에서 *In the Society of Nature*』(1994)에서 논한 것처럼 '길들인 자연'의 우여곡절, 즉 사회생활의 조직 원리에 따라 인지되는 살아있는 자연에 대해 부단히 탐구해왔다. 그러나 이러한 중재 노력은 궁극적으로 우리의 이원론적 우주론이 갈라놓은 세계의 양편을 매우 거칠게 봉합하는 것과 마찬가지이므로 헛수고로 끝날 수밖에 없다. 꿰맨 자국의 드러난 상처는 세계가 용해되지 않고 분열되어 있다는 것을 부각한다. 이 우주론이 기초하고 있는 전제, 말하자면 보편적인 단 하나의 자연이 존재하고 그 자연이 다수의 이질적인 문화들에 의해 부호화되거나 꿰맞춰진다는 가정을 우리가 계속해서 주장한다면, 어떻게 저 타협안이 성공적으로 성사될지는 누구도 알 수 없다. 자연적인 문화에서 문화적인 자연으로 이어지는 직선 축에서는 평형점을 결코 찾을 수 없고 단지 어느 한쪽 극에 가까운 타협점을 찍을 뿐이다. 근대사상의 여식인 인류학은 요람에서부터 이 문제를 알았고 그 후

---

* 오귀스탱 베르크는 1942년 프랑스령 모로코에서 태어났다. 1969년 일본을 방문한 이래 주로 홋카이도에 거주하면서 일본의 자연사상을 탐구해왔다. 특히 와쓰지 데쓰로(和辻哲郎)의 '풍토성'에 기반한 자연과 인간의 아시아적 관계성을 상호침투와 상호생성의 관점에서 새롭게 재해석했다.

지금까지 풀려고 애써왔다. 마셜 살린스가 『문화와 실천이성 Culture and Practical Reason』(1976)에서 이야기한 비유를 빌어 말하면, 이 과학[인류학]은 지성의 제약과 관습적 실천의 결정성이라는 사방의 벽에 갇혀 한 세기 이상 감방 안을 이리저리 서성일 뿐인 죄수와 같다.

오해는 말길. 이 발언은 우리의 우주론을 질책하거나 근대인들이 고통받는 모든 악의 근원을 이 우주론에 돌리려는 것이 아니다. 자연과 문화의 이원론은 세계의 구조적 뼈대에서 연속성과 불연속성을 탐색하는 여타 방법론 가운데 하나일 뿐이고 그 외의 어떤 존재론적 배치보다 불합리하거나 자의적이라고 볼 이유가 없다. 그것은 적어도 이전에 어디서도 성취하지 못한 일, 즉 사회과학에 긍정성의 영역을 명확히 지정해주고 또 내가 지금 꾀하듯이 자기를 대체할 수 있게끔 스스로 자리를 내어주는 미덕을 갖추고 있다. 그렇지만 이러한 유산은 인류학의 과제를 매우 복잡하게 만든다. 인류학은 우리의 우주론을 공유하지 않은 사람들이 어떻게 우리와는 다른 현실을 발명해왔는지를 부단히 이해하는 작업이면서 그와 동시에 우리 자신의 소양으로는 절대로 가늠할 수 없는 창조성을 명시하는 작업이다. 그러나 우리 자신의 현실, 세계 속에서 불연속성을 확립하고 안정된 관계를 탐지하는 우리의 방식, 그리고 개체, 현상, 과정, 행동 양식 등을 이를테면 사물의 질감과 구조에 의해 미리 정해진 범주에 배치하는 우리의 수법이 인간 경험의 보편적인 사실이라고 가정한다면, 저들의 현실이해를 이해하기란 인류학에는 요원한 일일 것이다. 인류학이 방법론적 상대주의를 계속해서 주장하면서 관습과 제도의 연구는 판단과 욕구의 중지가 필요하다고, 무엇보다도 현지인은 관찰자의 출신지에서 통용되는 사회규범을 그 외의 규범과의 거리를 측정하는 기준으로서 받아들이지 않는다고 슬기롭게 표명한다고 해서 인류학의 무능이 덮어지는 것이 아니다. 오히려 무능은 역설적일 뿐이다.

    그런데 이 방법론적 회의론이 우리 자신의 우주론으로 확장되는 순간 인류학은 별난 소심함에 사로잡힌다. 이유는 모두가 우리의 우주론을 공유하고 있을 것이며 또 전 세계의 모든 인간이 자연의 일과 사회의 일을 구별할 것이라고 은연중에 생각하기 때문이거나, 아니면 현상의 두 질서 간의 분리작용은 원소 주기율표와 같이 역사를 초월하는 과학적 수단이라고 믿기 때문이다. 그러나 두 가지 다 틀렸다. 자연과 문화의 이원론이 유럽에서 각기 다른 현상의 두 질서와 이에 대한 각각의 지식 수단을 동시에 식별하게 하는 인식론적 장치로서 형태를 갖춘 것은 19세기의 3분의 2가 지난 후이다. 물론 자연이라는 관념은 고대 그리스 시대에 서투른 첫발을 내디뎠고 17세기에 펼쳐진 과학혁명의 중심축을 형성했다. 과학혁명은 기계적 자연이라는 관념을 정당화했는데, 여기서 자연의 각 요소의 반응은 요소들 사이의 부분과 상호작용의 종합으로 이해되는 총체 내 법칙을 통해 설명될 수 있다. 그러나 이 자연, 자율적으로 움직이는 존재론적 영역이자 탐구 및 과학적 실험의 장이며 실용적 착취와 개량을 자초하는 객체인 이 자연의 반대편에는 아직 집합적인 대립물이 존재하지 않았다. 관습, 언어, 관계―지금 우리가 '문화'라고 칭하는 것들―에 의해 구별되는 각각의

공동체가 자연적인 규칙성의 장과 손쉽게 대립할 수 있는
과학적 대상으로 떠오르는 데에는 19세기 말, 특히 독일에서
하인리히 리케르트(Heinrich Rickert)*와 같은 철학자들에 의해
자연의 과학과 문화의 과학 각각의 방법 및 대상 간의 구별을
도출해낸 첨예한 논쟁이 있기까지 기다려야 했다. 그러므로
이 대비에는 어떤 보편성도 없거니와 어느 하나 제대로 실증
가능한 것도 없다. 세계의 대상들 가운데 인간의 의도성에
관한 것들과 물질이나 생명의 보편적인 법칙에 기인한
것들을 구별하는 것은 존재들이 제각기 타고난 자질에 따라
서로와 유지하는 관계를 둘러싼 존재론적 작용이며 가설이자
선택이다. 물리학, 화학, 생물학 그 어느 것도 이를 증명할
증거를 댈 수 없고, 더구나 이러한 과학 활동의 종사자가
일상적인 용도에서 조사영역으로서 자연을 추상적인 개념으로
실제 언급하는 경우는 극히 드물다. (이 문제에 관해서는 졸저
『자연과 문화를 넘어서』 제3장에서 다루었다.)

 인류학은 의심의 여지 없이 상당 부분을 [근대유럽]
철학에서 물려받았기에 근대 우주론의 보편성에 의문을
제기하는 것을 꺼려왔다. 인류학이 그렇다고 모든 우주론이
우리와 유사하다고 주장하는 데까지 나아가지 않은 것은
사실이다. 그럴 정도로 주장이 전혀 그럴듯하지 않았을

---

* 하인리히 리케르트(1863~1936)는 독일의 신칸트주의를 이끈 철학자이며, 하이델베르크 대학의 철학 교수를 역임했다. 그는 과학적 사실과 역사적 사실이 질적으로 구분되며 자연(Natur)과 정신(Geist) 또한 분열된다고 주장하였다. 그러나 그는 칸트의 초월적 방법론으로 이 분열을 극복할 수 있다고 보았다.

것이다. 단지 우리는 우리 자신의 우주론을 구조화하는 왜곡된 렌즈를 통해 타자들 곧 비근대인을 바라볼 뿐이고, 그리하여 그들은 우리에게 유일무이한 보편적 자연과는 대조적으로 문화의 너무나 많은 특이한 표현들로 보인다. 바꿔 말하면, 우리는 비서구 문명이나 서구의 전근대 문명조차 우리 자신의 대안적 세계에 관한 완벽한 개념체계로서 구상하는 것이 아니라 우리 자신의 개념체계가 확립한 세계의 상태를 설명하는 거의 이국적인 방식으로서 상상한다. (이 관념에 대해서는 로이 와그너(Roy Wagner)*가 『문화의 발명 The Invention of Culture』(1975)에서 잘 이야기해놓았다.) 근대적 이원론에서 세계의 모든 상태를 주조하는 거푸집이 만들어지면, 그것을 가져다 쓰는 인류학은 특수한 형식의 학문적 유럽중심주의(eurocentrism)에 치우치게 된다. 그것은 인간이 객관화하는 현실이 어디서나 동일하다는 것이 아니라 객관화하는 우리 자신의 방식이 보편적으로 공유되고 있다는 믿음으로 이뤄진다.

이러한 다소 일반적인 인식론적 고찰에 이어서 이제 자연과 문화의 이원론이 인류학의 실제 작업에 미친 구체적인 결과를 검토해보자. 먼저 강조해둘 것이 있다. 만일 마빈 해리스와 클로드 레비스트로스가 대립한 것과 같은 논쟁이

---

*   로이 와그너(1938~2018)는 하버드 대학에서 중세 사학을 수학한 후 시카고 대학에서 인류학 박사학위를 받았다. 파푸아뉴기니와 뉴아일랜드에서 현지 조사를 수행했다. 특히 그는 뉴아일랜드의 우셴 바로크 족의 의례에서 현실을 반전시키는 홀로그램의 기법을 통해 상징이 생성되는 과정을 기술했다.

그나마 가능하다면, 그것은 논쟁 이전에 이미 두 저자의 사고 습관과 참조 사항이 서로 겹쳐 있기 때문이다. 이렇듯 같은 기반을 공유해야 반대의견도 나올 수 있는 법이다. 달리 말해 이론적 분기의 맹렬한 기세가 우리 학문 분야를 뚫고 지나간다 해도 분기한 이론들이 자기들의 원류인 근대 우주론의 틀 속으로 회수되는 순간 그 전제조건들이 수렴된다는 것은 명약관화하다. 그렇지 않아도 다양한 접근법은 언뜻 보기에 능산적 자연에서 소산적 자연으로 이어지는 스펙트럼의 양극단 사이에 분포해 있는 것 같다. 그런데 이 스펙트럼의 존재는 전혀 의심을 사지 않기 때문에, 각기 다른 입장에 정보를 제공하는 것은 사실상 같은 네트워크의 전제조건들이다. 이 전제조건들은 인류학적 접근법 전체에 영향을 미치지만, 다음의 세 단계에서 가장 두드러지게 나타난다. 인류학의 대상을 특징짓는 데에서, 인류학적 방법론을 결정하는 데에서, 인류학이 생산하는 지식의 유형을 정의하는 데에서. 사상의 학파를 둘러싼 또 다른 논의를 끌어와서 이 책의 독자들의 인내심을 시험하려는 위험을 무릅쓴다면, 저 단계마다 숨겨진 조항들과 내밀한 연관성을 밝히기 위해 다양한 명제를 검증하고 논할 필요가 있다. 한마디로 더 높은 신뢰를 쌓기 위해 토대를 걷어내야 한다. 다른 사회과학과 마찬가지로 인류학이라는 분야의 분석적 틀을 개혁하기 위해서는 이 분야에서 지식을 구축하는 방식과 이 방식의 작동을 설명한다고 자부하는 이론들에 대한 성찰적인 재평가가 필요하다. 피에르 부르디외가 『실천 이론의 개요 *Outline of a Theory of Practice*』(1977)에서 표현했듯이,

"인류학적 과학의 가능성에 대한 인식론적 성찰은 인류학적 과학에 필수 불가결한 부분이다."

대상의 역설

인류학은 자신의 연구 대상인 문화 혹은 문화들을 자연과의 중재 시스템으로 규정한다. 즉 인류가 발명한 시스템으로서 문화는 기술적 능력, 언어, 상징적 활동, 생물학적 유산에 부분적으로 얽매이지 않은 집합체의 형성능력 등을 포괄하는 호모사피엔스의 특징적 속성으로 정의된다. 이렇듯 매우 명시적으로 정식화된 경우는 드물지만, 위의 정의는 널리 통용되어왔다. 이 정의는 유물론을 고수하는 특정 저자들의 저술에서 매우 분명하게 나타나는데, 그들은 문화를 자연에 대한 적응 장치로 이해하면서도 자연은 문화의 메커니즘을 통하지 않고서는 알 수 없는 것이라고 순순히 인정한다. 이 저자들 가운데 생태학적 혹은 기술적 결정론을 추종하는 자들이 있다. 그중 레슬리 화이트(Leslie White)*는 〈인간,

---

* 레슬리 화이트(1900~1975)는 컬럼비아 대학에서 심리학을 전공했고 시카고 대학에서 인류학 박사학위를 취득했다. 그는 당시 미국 인류학계를 지배한 보아즈 학파의 역사 특수주의를 반대하고 문화적 특수성보다 인류 진화의 보편성을 더욱 탐구했다. 특히 기술을 통한 인간 생활의 전반적 발전이 사회와 관념의 진화를 견인한 것으로 보았다. 그의 이러한 신진화론은 줄리언 스튜어드의 생태학적 결정론과 마빈 해리스의 문화유물론으로 계승되었다.

자연, 그리고 인류 Man, Culture, and Human Beings〉라는
제목의 강연에서 다음과 같은 말로 인류의 초창기를 묘사했다.
"인간과 자연 사이에는 문화라는 장막이 드리워져 있고,
그[인간]는 이 매개물을 통해 보이는 것 외에는 아무것도 볼
수 없다." 저들 가운데 또 사회생활을 구조화하는 데에서
공리주의적 기능의 탁월성을 주창하는 저자들이 있다.
이를테면 말리노프스키는 『문화의 과학 이론 *A Scientific Theory
of Culture*』(1944)에서 "인공물과 상징의 사용을 함의하는 모든
문화적 성취는 인체 해부학을 도구적으로 강화한다"라고 썼다.
끝으로 저들 가운데에는 모리스 고들리에가 『정신과 물질 *The
Mental and the Material*』에서 쓴 것처럼 "인간이 역사를 갖는
것은 자연을 변화시키기 때문이다"라는 사실을 연구작업의
핵심적 교의로 삼은 이들이 있다.

그러나 인류학의 이러한 개념화는 유물론자들에게만
국한되지 않는다. 유기적, 환경적 제약에 창의적으로 대응할
필요는 인간만이 가지는 것이라는 사고방식은 문화의 상징적
차원에 주로 관심이 있는 자들 사이에서도 똑같이 흔하게
나타난다는 사실이 판명되었다. 이를테면 레비스트로스는
루소의 공로가 자연과 문화의 관계를 문제시함으로써
민족학 분야를 창설한 것이라고 인정한다. 미셸 푸코(Michel
Foucault)가 『말과 사물 *Les mots et les choses*』(1966)에서 "모든
민족학의 일반 문제는 바로 자연과 문화 사이의 (연속성과
불연속성의) 문제"라고 썼을 때, 그는 레비스트로스의 관점과
공명한다. 해석학적 인류학(hermeneutical anthropology)의

유능한 주창자인 클리포드 기어츠(Clifford Geertz)*는 "기성 사회는 환경에 적응해온 유구한 역사의 종착점이다. 말하자면 사회는 환경을 자기 자신의 차원으로 만들어왔다"(「우기와 건기: 발리와 모로코에서 전통적인 관개농업 The Wet and the Dry: Traditional Irrigation in Bali and Morocco」(1972))라고 대담하게 선언했다. 메리 더글러스(Mary Douglas)**에 관해 말하자면, 그녀는 다음의 주장을 통해 미묘함이 덜한 이원론을 보여주었다. "과학자는 물리적 자연에 관해 참되고 객관적인 것을 발견한다. 인간 사회는 이 발견을 사회적 의미화에 투입한다"(『암시적인 의미들: 인류학 에세이 Implicit Meanings: Essays in Anthropology』(2002)). 나 또한 저들과 크게 다르지 않은 글을 써왔기 때문에 저들의 운명에서 배제되지 않는다. 나는 「자연의 사회들과 사회의 자연 Societies of nature and the nature of society」(2002)이라는 논문에서 "사회적 실재의 구축 원리는 기본적으로 인간 존재와 그의 자연환경 간의 관계에서 찾아야 한다"라고 썼다.

위에서 인용된 것들을 하나하나 들춰보는 작업은 매우

* 클리포드 기어츠(1926~2006)은 하버드 대학에서 사회체계이론의 주창자인 탈코트 파슨스의 지도하에 사회관계학을 수학했다. 인도네시아 자바에서 2년 반 동안 수행한 현지 조사에 기반하여 인도네시아의 종교에 관한 연구로 박사학위를 취득했다. 이후 시카고 대학의 인류학 교수로 재직하면서 해석적 사회과학으로서 상징인류학이라는 분과를 확립했다.
** 메리 더글러스(1921~2007)는 옥스퍼드 대학에서 에번스프리처드의 지도하에 인류학 박사학위를 취득했다. 주로 중앙아프리카의 부족들을 현지 조사하였고, 뒤르켐 사회학에 근간하여 주로 사회조직과 의례의 상징적 의미화에 대해 논했다.

번거롭고 무엇보다 쓸데없는 일일 것이다. 인류학의 영역이란 물질과 생명의 법칙이 부과하는 보편적인 결정성에 인간이 공동의 삶을 조직하기 위해 만든 관습을 이어붙이는 영역이며, 인간이 특히 생계를 확보하기 위해 비인간과 매일 같이 상호작용해야 하는 필요성과 이 상호작용에 이러저러한 다중적 의미를 부과할 가능성을 교차시키는 영역이라는 사실은 위의 저자들도 동의할 것이다. 인류학이 학문의 자율성을 획득할 수 있었다면, 그것은 모든 사회가 자연과 문화의 타협안이며 그렇게 조합되는 생성의 법칙과 문법을 제안하기 위해 이 타협안의 다양한 표현을 검토하는 것이 학문의 전문성을 갖추는 데에 필수적이라는 생각을 인류학이 옹호했기 때문이다. 요컨대 이원적 세계는 인류학 대상의 구성적 차원이다. 심지어 이 과학은 19세기 후반 지식 이론에 의해 막 확립된 현실의 두 질서 간의 격차를 해소하는 과제에 응하기 위해 태어났다고도 할 수 있다. 인류학 대상의 정의에 편성된 의미장의 이중성은 대상에 대한 인류학적 접근 방식에 그대로 드러날 수밖에 없었다. 인간의 경험이란 별개의 원리가 제각기 지배하는 두 현상의 장의 공존에 매여 있다는 사실에 동의하게 되면, 어느 한 측면을 출발점으로 삼아 두 현상의 경계면을 파고드는 것이 불가피해진다. 한 측면은 자연의 사용, 통제, 또는 변환이 초래하는 결정성으로서 그 효과가 각각의 환경, 기술, 사회체계에 의해 특수화되는 보편적인 결정성을 말한다. 다른 한 측면은 한계 영역과 기능 방식에서 동질적인 자연에 대한 상징적 조작의 특수성으로서, 동원된 메커니즘의 보편성과 그 적용 대상의 고유성으로 인해 반복적으로 나타나는 특수성을 말한다.

두 접근법은 위대한 철학적 선례에서 개념적 자원을 끌어왔다. 사실상 둘 다 때로는 스스로 의식하지 못한 채 거의 항상 마르크스의 특정 시기의 연구 관점에 자기를 위치시킨다. 이에 따라 소산적 자연의 투사들은 초기 마르크스, 즉 헤겔 변증법에 아직은 잠식되어 있던 초년의 마르크스와 자신을 동일시한다. 이 마르크스의 관심은 의지적 실천(praxis)에 의해 인간화되고 역사화된 자연, 철학적 전통 속에서 인간의 조형 활동을 통해 조성됨과 동시에 그 자신의 결정성을 통해 인위적인 것과 부분적으로 차별화되는 '제2의 자연'에 있었다. 이 마르크스는 1844년 파리에서 다음의 글을 썼다. "이제 비로소 인간의 자연적 존재는 그의 인간적 존재로서 존재하며, 자연은 인간이 된다."*

자연은 별개의 추상물로 분리되는 순간 인간에게 모든 의미, 심지어 모든 효용까지 빼앗긴다는 마르크스의 사고방식을 어떻게 하면 가장 잘 활용할 수 있는지를 마셜 살린스만큼 잘 아는 이도 없었다. 그는 다음의 글에서 이를 확실하게 표현했다. "자연이 구성되는 것이라면 문화는 구성하는 것이다. 문화는 자연을 단지 또 다른 형태로 표현하는 것이 아니다. 오히려 그 반대다. 자연의 작용은 문화의 용어로 전개된다. 즉 자연의 형태는 이미 그 자체가 아닌 의미로서

---

*   카를 마르크스, 『경제학 철학 수고』, 김태경 옮김, 이론과 실천, 1987, 86쪽. 부분 수정.

구현된 것이다."* 이러한 접근은 그와 자주 비교되는 메리 더글러스(Mary Douglas)의 접근과는 꽤 다르다. 뒤르켐 학파의 전통에 충실한 더글러스는 여전히 자연의 객관적인 특성, 문화에 의한 그것의 분류상의 용도와 도덕적 활용, 사회적 범주가 비인간 환경에 대한 표상의 구축에 미치는 영향을 제각기 차별화했다. 살린스는 이와 대조적으로 자연을 사회적 가치가 사후적으로 투영될 수도 있는 그 자체로서 이해하는 것의 가능성에 의문을 제기한다는 점에서, 또 인간이 물질세계를 표상하고 착취할 수 있는 현실로 만들어내는 힘은 유일하게 상징적 기능에 있다고 인정한다는 점에서 청년 마르크스의 직접적인 계보뿐만 아니라 북아메리카의 문화주의적 전통의 계보에 속한다. 여기서는 능산적 자연의 임차인들에게 흔히 거론되는 공리주의적 논리가 강력하게 비판될뿐더러 역전되기까지 한다. 물론 환경의 사용 및 표상 양식이 특정한 형태의 실용적 이익에 종속되는 것은 사실이지만, 환경의 이익은 각 문화 시스템이 자신의 추구 목적에 따라 환경에 부과하는 필터를 통해서만 표현될 수 있다. 달리 말하면 인간에게 자연이 무엇인지를 정의하는 것 그리고 어느 한 사회에서 지역적 관습에 의해 지정된 선호도에 따라 자연을 이용하는 방식을 규정하는 것 모두가 문화라는 것이다.

    살린스의 입장은 적어도 1970년대에는 이렇듯 역설적이다. 한편으로 그는 인류학이 끊임없이 맞서면서

---

*   Sahlins, Marshall. 1976. *Culture and Practical Reason.* The University of Chicago Press, p.209.

자신의 존재 의의를 내맡기다시피 한 문제를 상당히 명료하게 풀어낸다. 그것은 우리 자신의 사회가 제시한 모델의 자명함에서 설득력을 끌어온 탓에 상의 없이 승인된 분석적 구별로 인해 애초부터 분리된 것으로 가정된 영역들 사이의 기능적 관계를 설명하는 것이다. 나아가 살린스는 이와 같은 양극성을 이용해서 공리주의적 이성을 비판한다. 자연을 에워싸고 그 표현 양식을 결정하는 것은 문화이다. 모든 사회는 문화를 통해 우리가 자연에 관해 알고 있는 것과 거의 비슷한 이미지를 객관화할 수 있었다. 이 접근법의 논리적 귀결은 나 자신이 교훈으로 삼았듯이 자연과 문화의 관점에서 인류학의 문제를 정식화한다는 생각을 버리는 것일 수밖에 없고 게다가 이 생각은 문제 자체를 유럽중심주의에 오염시킨다. 이것은 살린스가 「인간 본성에 대한 서구적 환상 The Western Illusion of Human Nature」*이라는 글에서 과감하게 주장한 것이다. "우리 우주가 아직도 주술에 걸려 있는 듯하다. 그렇게 우리 우주는 여전히 문화와 자연의 구별을 통해 질서를 잡아간다. 그러나 그 구별은 사실상 우리 자신 이외에는 분명치 않다." 문화의 위격을 기리는 이 진혼곡과 함께 북아메리카 인류학의 한 세기는 막을 내린다.

한편 능산적 자연의 사도들은 그들대로 마르크스의 성숙한 작업의 단순화, 즉 경제활동의 전제조건으로서만 자연에 관심이 있는 것처럼 보이는 마르크스의 강화된 역사 유물론에

---

* 2005년 11월 4일 미시간 대학에서 열린 태너 강연(The Tanner Lecture) 강의록.

기댄다. 다시금 자율성을 얻은 이 자연의 사회화는 부분적이고 최종적인 방식에서만 고려된다. 이 자연은 생산력의 수준에서 도구와 기술이 매개하는 물리적인 사실이 되며, 생산양식의 구조와 그 진화과정을 밝히기 위해 도입된 기술이 갖는 특권으로 인해 종속적인 하위 역할에 국한된다. 생산 관계의 수준에서 그것은 어느 시대에나 노동수단을 구성하므로 사용가치나 교환가치로 전환될 수 있는 자원에 한정된다. 분석적 차원에서 자연은 물질적 관점과 사회적 관점에 따라 양분된다. 물질적 관점에서 자연은 욕구를 충족시키는 구성요소의 하나에 불과하고, 사회적 관점에서 자연은 인간들이 그들 자신을 서로 엮는 관계의 양태를 통제하는 요소의 하나일 뿐이다. 이렇듯 비인간 영역을 생계수단 및 부의 생산결과로서 대상화해서 접근한다는 자체가 고르게 유포된 편향에 의해서며, 인류학이 이 편향을 물려받은 것도 그리 놀랄 일이 아니다. 그 효과는 레슬리 화이트나 줄리언 스튜어드의 뒤를 잇는 이들의 과학기술결정론에서 충분히 느낄 수 있고, 자연의 사용을 조직하는 관념은 객관적으로 추정되는 실천의 이데올로기적 부산물이라고 생각하는 훨씬 더 일반적인 편견에서도 알 수 있다. 우리가 이러한 생각을 그대로 실천에 투입해서 실천의 합리성, 목적, 기능으로 옮겨놓으면, 표상의 구름은 사라지고 그 자리에 허위의식의 투명한 장막이 남을 것이다. 현대 인류학의 거의 대다수는 아직도 이 달콤하고 메시아적인 환상에 스스로 속고 있다.

논란과 수렴

인류학은 자신의 대상을 단 하나의 자연과 무수한 문화들의 혼합물로 규정함에 따라 그러한 대상의 주제화에서 나타나는 두 얼굴의 야누스를 받아들여야 했고 자신보다 더 야누스의 이쪽이나 저쪽 얼굴에 맞설 준비가 되어있는 다른 과학들이 개발한 방법론을 빌려오는 것 외에 어쩔 도리가 없었다. 안타깝게도 차용은 대개 주워 모은 설명 모델의 빈약화와 단순화로 끝나고 말았다.

환원의 궤도

자연주의의 조류는 목적인(目的因)*에 대한 뚜렷한 선호도와 함께 결정론의 다양한 아류를 아울러왔다. 말리노프스키가 『문화의 과학 이론 A Scientific Theory of Culture』(1944)에서 제시한 욕구에 대한 인류학의 개요는 이러한 경향의 적절한 예시를 제공하는데, 그것이 근대 민족학의 창시자가 그의 논문에서 보여준 민족지적 분석의 세련됨이나 깊이에 크게 미치지 못한다는 점에서 이루 말할 수 없이 참담하다. 말리노프스키는 자연적인 것과 문화적인 것, 유기체와

---

*   목적인(final cause)은 아리스토텔레스가 논한 운동의 네 가지 원인 중 하나이다. 아리스토텔레스는 만물의 변화와 움직임은 질료인(material cause), 형상인(formal cause), 작용인(efficient cause), 목적인으로 해설할 수 있다고 보았다. 예를 들어 탁자의 질료인은 나무, 형상인은 탁자의 배열과 외관, 작용인은 목수와 목공, 목적인은 만찬이다. 그 외의 예시로서 아이의 작용인은 부모이고 씨앗의 목적인은 성장한 식물을 들 수 있다.

초유기체 사이의 연속체를 가정했고, 이에 따라 생물학에 근거한 방법론에서 영감을 얻었다. 그리하여 문화의 과학으로서 인류학은 인간 본성의 생물학적 결정론에 따른 수많은 적응반응, 그중에서도 주로 '기본 욕구'를 충족시키는 적응반응을 구성하는 모든 시공간에서의 제도적 형태를 탐구과제로 삼아왔다. 이렇게 해서 생계 활동은 신진대사에 대한 반응이고 친족은 번식 욕구에 대한 반응이며 피난처는 신체적 안녕 욕구에 대한 반응으로 간주된다. 이 반응들이 좀처럼 계몽되지 않는 이유는 말리노프스키가 바라보는 높은 수준의 일반성에서조차 각각의 반응이 여러 욕구에 부합할 수 있을뿐더러 각각의 욕구가 여러 반응을 발생시킬 수 있기 때문이다. 위생과 보호는 피난처와 마찬가지로 신체적 안녕 욕구에 적절한 응답이고, 보호와 피난처의 기능은 신체적 안녕과 안전뿐만 아니라 건강을 보장한다. 이것들을 오로지 기능적 측면에서 살펴보면, 이른바 문화 제도는 다기능적일 수밖에 없고 그것이 충족시키는 생물학적 욕구는 그 자체로 그것과 불가분하게 얽혀 있다.

    그런데 말리노프스키는 너무도 훌륭한 민족지학자라서 자연의 제약과 그 문화적 반응 사이의 단순한 인과관계로는 생물학적 기질만으로 결정되지 않는 매우 특수화된 제도들의 집합 전체의 기능은 거의 설명되지 않는다는 것을 모르지 않았다. 인간의 본성과 인간의 진화 환경의 생태적 특성이 좌우하는 일차적 욕구가 해소되면 '이차적 욕구'가 곧바로 작동한다. 일차적 욕구로 인해 만들어진 문화적 반응에 사회생활이 부과하는 명세서로부터 이차적 욕구가 생겨나고,

다시금 이차적 욕구는 새로운 문화적 반응을 만들어낸다.
예를 들어 경제는 생계 활동을 보장하는 수단이고, 관습, 전통,
상징적 실천, 언어는 집합적 연대의 방편이다. 여기서 다시
욕구의 성격은 모든 논리에 반하여 욕구가 일으키는 반응의
사후적 기능의 정당화로서 나타나고, 원인의 본성은 결과의
의미규정에 따라 다시금 상정된다.

    사회적 사실로부터 그 유기체적 토대를 역으로 환산하는
작업을 할 수 없었던 말리노프스키의 무능함은 모든 기능적
목적론의 구성적 측면이다. 이는 제도의 기원에 놓인 가상의
욕구가 일반적일수록 그것의 설명적 가치가 덜하기 때문이다.
반대로 말하면, 욕구의 일반성이 덜 결정적일수록 같은 한
사회 내에서 그것에 답하기를 주장할 수 있는 문화적 실천의
표본은 더 커진다. 자연주의적 설명에서 다양한 문화적
표현을 특이하게 설정된 욕구와 연관 짓는 경우 그것은 단지
저 욕구를 번역하는 수단으로서 문화의 필요성을 주장하는
것에 지나지 않는다. 이 뻔한 이치는 사회제도의 내용을
설명하지 못하는 무능력을 숨긴다. 피난처 건설이 안녕이나
보호의 욕구에 부응한다는 주장은 당연한 이치이지만, 예컨대
고딕 건축을 놓고 이러한 욕구만을 끌어와서 뭐라도 말할
수 있을지는 의문이다. 이 비판은 생물학적 환원주의의 최근
사례에서도 마찬가지로 유효하다. 인간 사회생물학을 예로
들어보자. 그것의 야망은 사회적 행동을 유전적 관계의 계수
혹은 최적섭식이론(optimal foraging theory)*—수렵과 채집의

---

*   최적섭식이론은 동물의 사냥 전략에 관한 행동 생태학 모델 중 하나이다.

경로의 최적화는 자연 선택에 의한 적응진화의 결과로 보는 이론—의 관점에서 설명하는 것이다. 여기서 문화에 대한 설명은 귀납적으로 도출된 본능, 이타주의, 유전적 적응과 같이 변모하는 자연의 잠재력에 의존하기 때문에, 이 모든 접근법은 목적론적 논의와 동어반복적인 주장 사이를 진동할 수밖에 없는 것처럼 보인다.

생물학의 가장 모호한 개념 중 하나이자 목적론의 가장 많은 무게가 실린 개념 중 하나인 '적응(adaptation)'을 문화 생태학이 생물학에서 가져왔을 때, 문화 생태학은 말리노프스키가 빠진 것과 똑같은 유형의 난관에 빠지고 말았다. 이 학파의 이론가 중에서 가장 이해하기 힘든 로이 라파포트(Roy Rappaport)*는 『생태계, 의미 그리고 종교 Ecology, Meaning and Religion』(1979)에서 제도의 적응 기능을 설명하는 두 가지 방식, 즉 형상인(形相因)**에 의한 설명과 목적인에 의한 설명을 구분함으로써 문제를 회피하고자

동물은 먹잇감에서 에너지를 얻지만 먹잇감을 찾기 위해 에너지와 시간을 소비한다. 그러므로 동물은 가장 낮은 에너지와 시간을 들여 가장 높은 에너지를 얻을 수 있는 사냥 전략을 선택한다. 이때 주변 환경은 전략의 제약조건이다.

*   로이 라파포트(1926~1997)는 컬럼비아 대학에서 인류학 박사학위를 받았고 미시간 대학에서 종신교수로 재직했다. 그는 파푸아뉴기니의 마링 부족에서 행해지는 돼지 의례를 분석하고 의례란 환경적 위협에 대처하는 문화장치이며 모델이란 문화가 환경을 이해하고 만들어내는 모델로 규정한다. 또 그는 미국 인류학계에 생태 인류학을 확립하는 데에 크게 공헌했다.

**   형상인(formal cause) 설명은 앞서의 목적인에 대한 각주 참조.

했다. 첫 번째 유형의 설명은 어느 한 제도가 존재하는 모든 시스템에서 그 제도에 인식되는 특정 기능을 수행할 수 있도록 그 제도의 형식적인 특성을 확립해주는 것이다. 그러나 이 정의가 부과하는 광범위한 일반성으로 인해 이 방법의 적용 가능 대상은 한정된 범위의 사회제도가 안고 있는 소수의 형식적 속성으로 환원된다. 아닌 게 아니라 이것은 마르크스주의 개념적 용법에서 예시로 제시되는 정치, 경제, 친족, 혹은 마술/종교에 한정된다. 이 예시는 자기가 수행하는 기능에 적합한 형식적인 속성을 가지고 있다는 것으로 증명되고, 그에 따라 형상인에 의한 설명은 당연한 이치에 어긋나지 않을 뿐이다. 이와 달리 목적인에 의한 설명은 언제나 전무후무한데, 이는 주어진 시스템 안에 있는 요소가 이 시스템의 존속 혹은 재생산에 공헌한다는 것을 증명함으로써 요소의 기능을 특정하는 것을 목표로 하기 때문이다. 이러한 설명이 절대 일반화되지 않는 것은 각기 다른 요소가 각기 다른 시스템에서 같은 기능을 수행할 수 있기 때문이며 이와 마찬가지로 한 요소가 각기 다른 시스템에서 별개의 기능을 수행할 수 있기 때문이다. 목적인에 의한 설명을 필연적인 인과관계처럼 통용하려는 것은 문화적 형식과 생물학적 기능 간의 단순 적합성을 주장하는 것과 같다. 동어반복적인 형상인과 목적론적인 목적인 사이를 진동하는 문화 생태학은 말리노프스키의 환원주의가 갇힌 딜레마에서 빠져나오지 못한다.

번역의 궤도

자연은 내부조직과 한계가 언제 어디서나 똑같은 독립적인 예시라는 관념은 문화의 실천적인 차원보다 의미론적인 차원에 관심이 있는 사람들에게 더욱 뚜렷한 영향력을 행사한다. 보편적인 자연의 질서는 실제로 현실에 대한 다른 사람의 이해를 번역하고 해석하는 것의 가능성을 보증하는 유일한 기반이 된다. 이것은 타자가 나의 세계처럼 구조화된 세계를 나 자신의 통각 그리고 저 세계의 세분화에 대한 나의 인지적 처리를 조절하는 것과 똑같은 메커니즘을 사용해서 인지하고 구분하기 때문이거나, 똑같은 현상학적 지시의 존재가 이 지시에서 환기되는 매우 다양한 명시적 의미체계를 평가하고 이해하기 위해서는 필수 불가결하다고 생각하기 때문이다. 이 대안의 두 갈래 간의 차이는 민족과학 분야에서 보편주의와 상대주의가 나뉘는 바로 그 차이인 까닭에 매우 크게 보일는지 모른다. 그러나 소위 민속 지식 및 민속 분류에 관한 연구가 둘 다에 의해 '자연적'이라고 평가받는 대상을 다룬다는 점을 생각해보면, 그 차이가 그리 크지 않게 느껴진다. 전자는 동식물 군집의 분류법이 어디서나 내부 구조가 똑같다는 것을 강조하고, 그에 반해 후자는 각 문화가 동물과 식물 세계의 의미론적 배열에 주입하는 창의성의 척도를 역설한다. 그렇지만 둘 중 어느 쪽도 자연은 안정적인 경계가 있는 존재론적으로 별개의 영역이라는 근대 우주론 특유의 기성 지식에 의문을 제기하지 않는다.

현대 민족 생물학 연구의 주요 인물인 브렌트 베를린(Brent

Berlin)*은 이 문제에 대한 보편주의적 관점을 모호함 없이 표현했다. 예일 학파의 민족과학 선구자들이 주장해온 것과는 반대로 베를린은 『민족 생물학의 분류법 Ethnobiological Classification』(1992)에서 동식물의 민속 분류는 맥락에 의존하는 문화적 구성물이 아니라 자연 속에서 인지되는 것들의 적확한 번역이라고 논했다. "인간은 자연환경의 생물학적 다양성에 대한 개념적 인식에서 본질적으로 자연의 기본 계획에 따라 어디서나 같은 방식으로 제약을 받는다." 베를린은 사회조직, 의례, 종교적 믿음, 또는 미학이 각 문화와 연관된 제각각의 산물일 수 있다는 것을 인정하지만, 다른 한편으로 동물과 식물 집단을 인지하고 명명하는 그 순간 "인간은 … 질서를 구축하지 않고 분별한다"라고 말한다. 이처럼 자연은 불연속성의 개별 집합을 이루어 감각의 경험으로 제공되며, 그 불연속성의 구조는 모든 문화에서, 심지어 문화 모두가 이러한 불연속성을 분류상에서 같은 정도로 해소하지 않더라도 동일하게 인지된다. 유기체의 분류학적 구조는 명명된 범주인 분류군을 포괄하는 위계의 형식을 취하며, 그것의 가장 완전한 형식은 여섯 등급, 즉 생물계, 생물의 형태, 중간 수준, 속(屬), 종(種), 품종(品種)으로

---

*   브렌트 베를린(1936~)은 멕시코 마야인의 식물 명명체계에 관한 연구로 스탠퍼드 대학에서 인류학 박사학위를 받았다. 그는 민족집단에 따라 동식물의 분류와 지식구성이 어떻게 달라지는지를 주로 탐구했으며 동식물에 전부 이름을 붙이지는 않지만 특정한 분류 구조가 있어서 이름 없는 것들도 분류 가능하다는 것을 밝혀내었다. 그는 생물다양성 복원을 위한 여러 프로젝트에 참여해왔으며, 인지 인류학 발전에 크게 공헌했다.

이뤄진다.

    사람들은 이러한 구조물이 서구 계통의 계층 조직에서 나왔다고 생각할 수 있지만, 스콧 아트란(Scott Atran)*과 같은 민족 생물학적 보편주의의 임차인들은 그 반대가 맞다고 반박한다. 즉 린네 분류법의 원리는 그 외 다른 생물 분류법과 마찬가지로 자연계에 대한 상식적인 관찰에 기반하고 있으며, 그래서 동식물 군집의 모든 분류체계 사이에 구조적 유사성이 있다는 것이다. 자연의 질서는 근대생물학이 밝혀낸 규칙과 메커니즘을 통해 항상 지켜지는 것이므로 전제로 상정된다. 상식의 보편성에 관해 말하자면, 그것은 '자연적인 부류(natural kinds)'를 그 외 모든 지각대상과 구별하는 인간의 선천적인 적성에 의해 보증받거나, 눈에 띄는 탓에 범주의 초점을 구성하게 된다는 생물학적 분류군의 특정 구성원을 전형의 표상, 곧 '자연의 원형(natural prototype)'으로서 선택하는 마음의 경향에 의해 보증받는다. 어떤 경우에도 동식물의 범주화는 생물학적 세계의 자연적인 구조—종(種)의 분할—와 인지체계의 자연적인 장치를 일치시키기 때문에 '자연적인' 과정으로 간주된다.

---

*   스콧 아트란(1952~)은 미국 자연사박물관에서 마거릿 미드의 조수로 일했고 컬럼비아 대학에서 인류학 박사학위를 받았다. 그는 과테말라와 멕시코 등지의 아메리카 원주민들의 생물 분류와 의사결정의 문화적 특성을 분석하고 환경의 지속가능성을 위한 민속 지식을 도출하였다. 한편으로 그는 종교적 신념과 사회정치적 행위와의 상관관계에도 관심을 가지고 이슬람 테러에 관한 현장조사를 벌였고, 미국의 이라크 전쟁 개입을 반대하는 캠페인에 앞장서기도 했다.

요약하면 민족 생물학의 분류법에서 단 하나의 자연은 중세 신학에서와 마찬가지로 [자연을 대하는] 자가 배웠든 문맹이든 그 안에 똑같은 단어가 없더라도 적어도 문장, 단락, 장의 똑같은 구분을 누구나 똑같이 인식하고 해독할 수 있는 위대한 서책이다. 어쩌면 우리는 이 책[자연]이 어디서나 같은 문자로 쓰여있다고 말해야 할지도 모른다. 베를린에 따르면, "민족 생물학적 명명법은 사람들이 그들의 환경 속에 사는 것들을 개념화하는 방식을 매우 잘 드러내는 **자연적인 명명체계**를 대표한다"(굵은 글자는 인용자 강조). 여기서 자연화되는 것은 이미 인지적, 지각적 조작으로서의 범주적 분류뿐만 아니라 그것을 표현하기 위한 언어적 메커니즘이다. 이 분야에서 기의에 의한 기표의 동기는 동식물에 주어지는 이름이란 이름이 가리키는 유기체의 조직형태, 행동이나 서식지의 고유한 특색을 은유적으로 활용한 것이라는 흔히 이야기되는 사실에서 입증된다. 그것은 또한 무엇보다도 일반적인 수준의 민족 생물학적 명명법 전체가 의미와 소리 사이의 심리적 연관성을 반영한다고 알려져 있듯이 의미론에 관한 한 '투명하다'는 사실에 기인한다. 그래서 높은 음향의 주파수를 가진 음소는 급작스러운 움직임을 연상시키며 새의 이름에서 가장 흔하게 나타나고, 한편으로 느리고 연속적인 움직임을 연상시키는 낮은 음향의 주파수를 가진 음소는 물고기의 전형적인 이름에서 나타난다.

베를린은 로만 야콥슨(Roman Jakobson)*의 이론에서

---

*   로만 야콥슨(1896~1982)은 유대계 러시아인으로 모스코바 대학에서

통찰력을 얻었다고 주장하는데, 야콥슨은 소리와 의미 사이의
상호 동기 부여된 상응 관계를 따로 떨어진 저 음소의 음향적
속성에 따라 해석하지 않고 어느 한 언어의 독특한 대립체계
내에서 해석한다. 이와 달리 베를린은 소리의 동기부여를
민족 생물학적 명명법의 선험적으로 주어진 보편적 특성으로
간주한다. 그런데 레비스트로스가 야콥슨 저작에 대한
해설서(『동떨어진 시선 *Le regard eloigne*』(1983))에서 적절히
언급했다시피, 일단 기호가 특정한 의미환경 내에서 구성되고
그로부터 영향을 받게 되면 언어적 기호의 자의성은 의문시될
수 있지만, "유사성의 관점을 채택할 때, 다시 말해 수많은 여러
언어에서 같은 한 기의의 기표들을 비교할 때" 이 자의성은
흔들림 없이 확고하다. 베를린은 언어 활동의 영역을 언제
어디서나 같은 방식으로 작용하는 자연적 제약의 번역인
준자동적 표시체계로 전환함으로써, 토마스주의적 추상
이론의 직계를 당당히 자처한다. "*nomina debent naturae rerum congruere*", 이름은 자연과 어울려야 한다.

    베를린이 논박하려 한 상대주의자들은 실은 자연물의 분류에
관한 이 외연적 개념화(denotative conception)의 개요를 이미
제출했다. 1950년대 미국에서 시작한 '민족과학(ethnosciences)'

석사학위를, 체코의 찰스 대학에서 언어학 박사학위를 받았다. 1939년
베를린을 떠나 1941년 미국으로 망명한 이래, 미국의 망명 지식인들과
교류하면서 자신의 학문 외연을 확장했다. 현대 음운론과 형태학과
기호학뿐만 아니라 시, 음악, 영화 등의 예술에 관한 그의 이론은
레비스트로스와 롤랑 바르트 등의 구조주의 이론가들에게 많은 영향을
주었다.

연구는 시작부터 다양한 민족집단이 환경을 조직하는 데에서 실행하는 정신적 절차를 비교하려는 야심이 있었고, 각각의 문화 시스템은 그 자신의 인지체계, 즉 특정 언어의 구조에 좌우되는 고유한 인지체계에 따라 작동한다는 가설에서 출발했다. 그러나 그들이 문화적 문법의 모든 미묘한 느낌이나 차이를 진정으로 연구하겠다는 목표를 세웠지만, 문화적 문법은 가장 일반적인 의미에서 한 사회가 갖는 분류체계의 총합에 한정되었고, 사회적, 상징적 생리를 구조화하는 역동적인 원리의 분석은 사실상 고전적인 민족학에 내맡겼다. 그런데 분류체계의 형태학 연구로서 이해되는 문화 연구는 문화가 사용하는 범주의 의미론적 경계, 달리 말해 사물의 장이 선험적 정의에 의존하지 않고 어떻게 언어에 의해 제한되는지를 비자의적인 방식으로 결정할 수 있다고 추정한다. 관찰자가 수집한 어휘소 더미는 그 언어의 화자들에게 현상학적 경험의 일부가 별개의 의미론적 장으로 나뉘는 분류체계를 구성한다는 것인데, 이것을 어떻게 보증하느냐가 관건이다.

　민족과학이 내세우는 방법은 다음으로 이뤄진다. 명명된 범주들을 분리하고, 어휘소에 의해 구별된 사물들의 그룹을 만든다. 그리고 그 사회의 문화적으로 중요한 현실의 영역을 지시한다고 알려진 대조의 장 내에서 이 범주들이 어떻게 조직되는지를 이해하고자 한다. 대조의 장의 구성에서 반드시 각 어휘소는 그 외의 모든 것들과 적어도 하나의 명확한 특질을 공통으로 가지고 있어야 하는데, 여기서 특질은 그 어휘가 의존하는 참조 영역을 특징짓고 자연적 맥락에서 같은 장 내의 다른 어휘소들과의 순열을 승인한다. 또 각 어휘소는 자기와 관련된 그 외의 모든 어휘소와 대립하는 독특한 특질을 하나 이상 가지고 있어야 한다. 가령 영어에서 'bean(콩)'과 'carrot(당근)'은 식물에 관한 민속 분류에서 채소 이름의 의미론적 장에 속한다. "나는 당근 수프를 좋아하지 않아. 콩 수프가 더 좋아"라고 말하듯이 두 단어가 이 유형의 발화에서 서로 치환될 수 있다는 것이다. 반면 각기 다른 대조의 장에 속한 어휘소는 상호 대체할 수 없다. 당근은 재배하지만, 피아노는 재배하지 않는다. 콩은 껍질을 벗기지만, 성령은 껍질을 벗기지 않는다.

　　민족 의미론적 분석의 이 방법이 부딪히는 주된 장애물은 특정 언어의 화자들에게 어느 주어진 대조의 장이 실제로 개념적 장과 일치한다는 것을 보증할 수 없다는 것이다. 관련 어휘소들의 계층 간 식별은 특히 분류사(nominal classifier)*가 존재하는 언어에서는 큰 문제가 되지 않지만, 교재와 같은 언어자료에서 확정적으로 제시되는 대조의 장은 현상학적 경험의 장을 정확하게 그려낼 수 없고, 그것이 어느 한 문화의 구성원들을 위한 인지적 실재라는 것을 보증할 수 없다. 겉보기에 간단한 사례로서 색깔 이름의 의미론을 살펴보자. 남아메리카 언어인 지바로 아추아르(Jivaro Achuar) 족

---

*　　분류사는 명사에 수반되는 단어나 부호로서 참조의 종류에 따라 명사를 분류하는 역할을 한다. 예를 들어 종이 세 장, 새 세 마리, 술 세 병과 같이 장, 마리, 병은 각각 종이, 새, 술을 분류한다. 분류사는 중국어, 한국어, 일본어, 베트남어를 포함한 동아시아 언어에서 중요한 역할을 하고, 유럽의 언어권과 영어권에서는 사용이 제한적이다.

언어는 우리 자신의 명명법과 거의 같은 방식으로 분할되는 스펙트럼의 큰 띠를 지정하기 때문에 영어로 쉽게 번역될 수 있다. 예를 들어 kɛaku는 red(빨강), takump는 yellow(노랑), puhu는 white(하양), šuwin은 black(검정) 등으로 번역된다. 또 지바로 언어에서는 어떤 색깔도 문화영역으로부터 선험적으로 배제되어서는 안 되기에 은유나 환유를 통해 색의 다양한 강도와 색조를 표시하는 데 쓰이는 일련의 단어 혹은 표현이 존재한다. 이러한 언어적 지표는 색의 어휘목록을 규정하는 것과는 다른 대조의 장을 불러낸다. 이렇게 해서 어느 한 마법의 주문 특유의 시적 상상력이 가진 고도로 성문화된 맥락 속에서 제비(tchinímpi)를 입에 담으면 금속적인 광채가 일렁이고, 큰부리새(tsukangá)를 입에 담으면 진노랑이 발색하며, 아나콘다(pangí)를 입에 담으면 청동의 광택이 흐른다. 이 세 동물─원리상 민족 동물학에서 대조의 장에 속한 어휘소─이 노래에 등장할 때, 외모의 특징적인 속성이 그와 관련된 의미론적 특질로서 두드러지게 나타나고, 이 속성은 그 자체로 기질, 상태, 혹은 감정과 결부된다. 즉 금속적인 광채는 불패를 표시하고, 활기찬 노랑은 사랑을 표시하고, 청동은 악을 표시한다. 요컨대 여기에는 여러 개의 대조의 장이 겹쳐 있으며, 이 모든 표시체계가 지시하는 있을 법한 개념적 장을 분리하게 만드는 것은 언어 내부의 의미론적 기준이 아니라 관찰자가 각기 다른 맥락에서 만들어진 문장을 해석하고 관련지을 때 얻는 특정 유형의 지식이다.

민족과학이 에틱(etic)과 에믹(emic)*이라는 유명한 구분을 제멋대로 사용해온 것은 이 어려움을 보완하기 위한 것이기도 하다. 이 용어는 언어학자인 케네스 파이크(Kenneth Pike)**가 보편적인 음향 현상으로서 언어적 음성과 그 기술체계에 집중하는 접근(음성학)과 특정 언어의 음소와 그것을 특징짓는 관련 특질에 초점을 맞추는 접근(음운론)을 더 잘 구별하기 위해 'phonetics(음성학)'과 'phonemics(음운론)' 각각의 접미사를 떼 내어 만든 것이다. 언어적 음성 연구와의 유비를 통해, 문화적 차원과는 별도로 간주되는 물리적 현실의 특징은 이처럼 에틱으로 규정될 수 있다. 또 에믹의 접근법은 데이비드 프렌치(David French)의 말을 빌리면 "[어느 한 문화의] 행동체계를 그 자신의 관점에서 발견하고 기술하며 구조적 단위뿐만 아니라 구조적 단위가 속한 구조적 계층을 특정하는 것"이다. 따라서 민족과학에서 에믹적 기술(記述)은 한 문화의

---

* 에틱과 에믹은 언어학의 개념으로 만들어졌지만, 인류학과 민속학에서 현장 연구의 관점을 구분할 때의 용어로 더욱 활용되었다. 민족지적 현지연구에서 에틱은 외부자적, 객관적 관점을 나타내고 에믹은 내부자적, 주관적 관점을 나타낸다. 그러나 이 관점의 구분은 연구자의 관찰자적 관점에 과학적 위상을 부여하고 현지인의 관점은 내부자적 관점으로 한정한다는 비판이 제기될 수 있다.

** 케네스 리 파이크(1912~2000)는 고든 대학에서 신학을 수학한 후 성서를 세계 각지의 언어로 번역하는 기관인 여름언어학원(SIL, Summer Institute of Language) 사업의 하나로 멕시코 남부의 믹스텍 족을 현지 조사하면서 인류학자의 길에 들어섰다. 1942년 미시간 대학에서 언어학 박사학위를 받은 후 1942년부터 1979년까지 SIL의 회장을 역임했다. 그는 아프리카, 아시아, 오스트레일리아, 남아메리카의 토착 언어를 수집하고 연구했다.

환경에서 그 문화가 인식하고 특정한 의미를 갖게 하는 에틱적 요소가 무엇인지를 보여줄 수 있어야 한다.

그러나 문화의 환경은 언어의 음향 매개변수보다 훨씬 더 복잡하고, 또 모든 문화적 맥락 가운데 추출되는 에틱적 요소를 연구한다는 것은 불가능하다. 왜냐하면 에틱적 요소가 처음부터 별개로 존재했으며 세계의 모든 지식체계의 원형이라고 말하는 것은 관찰자 자신의 범주에 따른 것이기 때문이다. 예를 들어 민족 식물학의 조사에서 조사대상인 민족집단에 의한 식물의 분류 및 사용에 관한 에믹적 분석을 예비하기 위해서는 에틱적 절차로서 지역 식물군의 가능한 모든 목록을 완전히 파악하는 것이 필요하다. 연구영역—식물에 관한 전문지식으로서의 식물학—과 그 내부조직—종(種)의 불연속성의 어휘적 표현으로서의 명명법—의 경계 설정은 서양에서 오랫동안 받아들여 온 현상학적 실재의 분할을 옮겨놓은 결과이지 모든 문화적 편견이 제거된 더욱 광범위한 관점의 산물이 아니다. 민족 식물학 연구의 번성은 이 연구가 적용되는 영역이 에틱 유형에 속한다는 착각이 들게 할지도 모른다. 그 내용과 개요가 각기 다른 에믹적 기술의 중첩이나 수렴을 통해 확인되는 것 같기 때문이다. 그러나 이 실험적 검증은 식물 세계를 특화된 탐구의 장으로 확립한 전제에 대한 확증 이외에 그 무엇도 아니다. 상대주의자는 자연 세계에서 내부와 외부의 분할이 문화적 특수성을 가늠할 수 있는 보편적인 배경을 구성한다는 사고방식을 의심하지 않기 때문에 보편주의자가 옹호하는 토착 지식의 외연적 개념화를 예시해준다. 여기서 브렌트 베를린이 논한 대로 기호의 자의성은 의심되지 않지만, 현실을 파악하기 위한 의미론적 범주들의 경계선은 모든 문화적 특수성을 초월해 있는 듯이 어떤 논의도 거치지 않고 제시된 참조어에 의존한 채로 남는다.

    윌리엄 스터트번트(William Sturtevant)*는 민족과학을 옹호하면서 민족학의 이 분파가 수행할 과제를 다음과 같이 언급했다. "이것은 번역의 오래된 문제를 해결할 것으로 보인다." 그럴지도 모른다. 그것이 관찰되는 자의 문화를 관찰하는 자의 문화로 단순히 번역하는 문제―민족학에서 흔한 일―가 아니라 쌍방향 번역의 문제라면 그럴 수 있다. 이제 관찰하는 자는 먼저 관찰되는 문화에서 자신에게 익숙한 세계와 유사한 세계의 분할을 간파하고 이를 통해 자신의 문화를 관찰되는 자의 문화로 번역한 다음, 관찰되는 문화를 자신의 출신 공동체가 받아들일 수 있는 언어로 재번역한다. 이것이 자연주의자가 열렬히 성취하려는 환원의 마지막 항을 구성하는 것이든, 아니면 민족 의미론에 의한 번역의 대상이든, 문화 분석자가 생산한 지식의 정당성을 보증하는 것은 언제나 똑같이 균질적이고 자율적인 자연의 질서다. 이 공유된 전제는 다음의 두 접근의 방법과 결과 사이에 역설적인 교차를 가져온다. 생태 인류학[생태학적 결정론]의 적응

---

*   윌리엄 스터트번트(1926~2007)는 예일 대학에서 인류학 박사학위를 받은 후 미국 국립자연사박물관에서 소장으로 재임하면서『북아메리카 인디언 핸드북』을 총편집자로서 발간했다. 그는 아메리카 원주민의 언어와 문화를 체계적으로 집대성하는 데에 큰 공헌을 하였다.

제약의 물신화(fetishization)는 궁극적으로 각 문화를 그 환경의
특이성에 대한 독특한 반응으로 보는 특수주의로 이어지는
한편, 상대주의적 민족과학은 자연에 대한 문화적 분류의
기술과 이 기술이 설명할 수 있다고 추정되는 현실의 보편성을
지지한다. 각자는 결국에 서로의 출발점으로 생각한 곳에서
끝을 맺는다. 이원론이 제공하는 이 분석의 궤도는 세계의
관습을 이해하는 방식에서 좀처럼 혁신을 이루려 하지 않는다.

3장
각자의 자연 속으로

누구는 앞선 고찰이 인식론의 문제를 지나치게 중시한다고
생각할 수 있고, 실제로 그것이 민족지적 실천에 끼친 영향은
무시해도 될 만큼 미미할지도 모른다. 분자생물학이 생명에
관한 실제 이론 없이도 유효한 실험 결과를 얻을 수 있듯이,
이국적인 민족집단의 제도와 관습에 관한 기술과 분석 또한
세련된 지식철학과 성찰적 방법론이 없어도 잘 해낼 수
있다. 경험상 타민족의 관습이나 풍습을 세심하게 관찰하고
기록하는 데에는 과량의 경험주의, 약간의 겸허함, 끈질긴
인내심과 직관이면 충분하다. 게다가 같은 종족집단의 거의
비슷한 시기의 구성원을 연구한 민족지학자들은 각자의
이론적 성향, 저마다 다른 주관성의 정도, 뒤바뀔 수 있는
조사절차에 상관없이 대략 비슷한 보고를 하지 않는가? 의례,
혼인 규칙, 친자관계의 원리, 어로 기술, 물물교환체계는
관찰한 자에 의해 바뀌지 않는다. 또 연이은 관찰자들이 이런
것들을 기술하기 위해 사용하는 유사어(analogous term)는
민족학이 자민족중심주의의 가장 조잡한 덫에 걸리지 않게끔

충분히 고려되어야 한다.

    이 모든 것은 일련의 행동과 말, 공적으로 정식화된 합의 규칙, 또는 구전이 인가한 구두 공표의 표본들을 고집스레 성실히 기술하고자 한다면 진실임이 틀림없다. 그러나 민족지학자는 집행관이 아니며 보고서를 제출하는 것 이상의 일을 한다. 그는 번역하고 해석한다. 말하자면 그는 불가사의한 행동에 의미를 부여하고자 이 행동의 동기로 추정되는 신념을 타자에게 귀속시킨다. 관찰자가 부득이하게 자신의 신념과 다른 성격의 내용을 저 신념에 주입한다 해도—그 자신은 종종 신념이 없다고 전제하지만—, 그는 자신의 출신 공동체 내에서 그러한 표상에 부합하는 것과 똑같은 위상을 저 신념에 부여한다. 다르게 말하면, 저 신념은 합법적인 지식이 아닌 상징적인 인공물로 다뤄진다. 이 인공물이야말로 저 신념에 대한 우리의 믿음, 즉 인공물을 믿는 저들은 [우리] 세계에 의거해서 행동할 것이라는 믿음을 상징한다. 이 현상은 장 푸이용(Jean Pouillon)*이 명민하게 분석한 바이다. 예를 들어 현장에서 민족지학자는 장기간의 엄밀한 관찰 끝에 얻은 한 인구집단의 기상학적 지식과 비를 부르는 의례나 주문을 별개로 보는 것에 반대하지 않을 것이다. 기상변화에 대한 예측은 때로 사실과 모순된다 해도 대개 긍정적인 지식으로

---

* 장 푸이용(1916~2002)은 프랑스의 민족학자이다. 아프리카 중부 내륙의 차드와 동부의 에티오피아에서 현지 조사를 수행했고, 레비스트로스를 중심으로 1961년에 창간된 인류학 잡지 「인간」의 편집자를 창간 이래 1996년까지 역임했다.

받아들여진다. 말하자면 이런 지식은 관찰되는 자에게는
진실이고 관찰하는 자에게는 입증 가능하다고 추정되는
지식이다. 이와 반대로 기우제는 (상식이나 과학적 경험에
의한 예상과 어긋난다는 점에서) 객관적으로 거짓으로 알려진
신념에 의존하는 것으로 생각되지만 기우제를 주관하는
자들에게는 주관적으로 참이다. 이렇듯 민족지적 조사에서
자연과 문화의 이원론을 늘 염두에 두는 관찰자[민족지학자]는
그로 인해 자신의 연구 대상을 우리에게 친숙한 것의 다소
빈약한 변형의 현실 객관화 시스템으로서 접근할 수밖에 없다.
결국에 그가 연구하는 지역 시스템은 우리 자신의 현실을
완전히 객관화할 수 없음을 증명하게 된다.

진실과 신념

인류학은 우리의 우주론과 비근대적 인간집단의 우주론
사이의 시차를 설명하기 위해 세 개의 주요 전략을
채택해왔는데, 세 전략은 때로 같은 저자의 연구에서
조합되기도 한다. 가장 기본적인 전략은 집단 속에서
살아가는 인간의 실정을 위장하는 신념과 미신의 연무를
헤집어 실천적인 활동을 가려내는 것이다. 실천은 객관적인
지식, 효과적인 기술, 자연의 결정성에 대한 정확한 평가에
기초한다고 추정되는 반면, 비실천적인 사고는 개인들이
서로를 엮고 환경과 맺는 관계의 공상적 반영—한마디로
이데올로기—이라고 판정된다. 민족학자들은 오랫동안

계급이 부재하거나 내적 분화가 거의 없는 사회에 집중해왔기 때문에, [그들의 연구에서] 이데올로기적 상부구조는 이 이데올로기에 표현되는 가치체계를 고수하는 사람들의 사회통합과 생태적응을 보장하는 메커니즘을 구성하면서도 경제적 혹은 정치적 소외의 초기 형태의 베일로도 기능하지 않는다. 이 시각은 특정 마르크스주의자들과 '문화유물론'의 지지자들이나 공리주의의 옹호자들이 공유하고 있다. 이 속에서 인간은 무엇보다 욕구의 존재이고 그만큼 세계를 향한 인간 행동의 주된 목표는 노동을 통한 물질적 현실의 도구화일 수밖에 없다. 노동 덕분에 인간은 환경을 부분적으로 변형시키면서 생계수단을 얻어내고 동료 인간 및 사물과의 사회적 매개를 설정하는 과정에서 자신을 탈바꿈한다. 그렇게 인간은 자연을 대상화하고 자신과 구별되는 총체로 개조한다. 이에 따라 모든 긍정성의 유일한 원천으로서 실천에 주어지는 우선권은 '표상'의 세계를 고립시키는 결과를 낳는다. 이 표상은 천연자원의 사회적 활용이 초래한 제약의 일그러진 반향이 되거나, 모든 사고에 앞서 있고 모든 사고의 외부에 존재하는 현실 및 인간 활동의 조각들이 의식 속으로 밀려 들어가게 하는 소급의 필터가 된다. 이러한 유형의 인류학에서 민족지는 무용지물에 가깝다. 왜냐하면 사회적 행위자는 자기를 행동하게 하는 동기가 무엇인지 영원히 알지 못하므로 자기 이야기에 귀를 기울이려는 사람들에게 말해줄 수 있는 것은 시시한 우화뿐이기 때문이다.

    좀 더 관대한 또 다른 접근법은 비근대적 인간집단의 우주론과 종교적 신념을 자연에 대한 설명 체계로 보는 것이다.

이것은 물론 과학의 가르침으로 보자면 잘못된 것이지만, 현상들 사이의 인과관계를 찾아내고 이를 통해 질서와 논리를 세계에 부여하려는 참된 열망을 증언한다. 이 개념화의 가장 고전적인 표현은 에번스프리처드(Evans-Pritchard)*가 오래전에(1933년) 주장한 것으로서, 그중에서 특히 전통 종교는 자연 세계의 조직화와 그 역동적 원리에 있어서 근대 과학이 의도한 것과 크게 다르지 않은 정신 모델이라는 것이다. 이 진정한 이론은 전통 종교를 신봉하는 사람들이 유용한 목적을 위해 그들 자신의 우주론적 지식의 활용을 꾀하도록 행동을 육성한다. 따라서 주술은 물질세계의 본성과 연관된 신념 체계의 실천적 번역일 뿐이며 그 세계에 대한 지배력을 확보하기 위해 그 세계에 상정된 속성 중 일부를 이용한다. 이것은 허위관념에서 나오는 도구적 행동의 한 형태이지만, 결정론의 조작적 효과에 관해서는 그 정신에 충실하다. 이 접근법의 좀 더 급진적으로 오래된 버전은 전통적으로 주지주의에 속하는 제임스 프레이저(James G. Frazer)의 『황금가지 *The Golden Bough*』(1890)로 대표되며, 주술적

---

*   에드워드 에번스프리처드(1902~1973)는 옥스퍼드 대학에서 역사학을 수학했고 런던정경대학에서 인류학 박사학위를 받았다. 그의 박사학위 논문은 나일강 상류에 거주하는 아잔데 족의 주술에 관한 것이었고, 1932년 카이로 대학에 부임한 이후 수단의 누에르족 연구에 착수하여 주술의례와 정치조직과 수렵 채집 등의 생계 활동에 관한 3부작을 저술한다. 그는 과학적 합리성으로 풀이되지 않는 원주민의 종교적 의례와 사회조직과 정치 활동을 구조기능주의로 이론화하고자 했다. 그는 1946년부터 1970년까지 옥스퍼드 대학의 사회인류학 교수로 재직했다.

혹은 종교적 신념의 기원을 그것이 수행하는 기능적 측면에서 정당화하기 위해 애써왔다. 자연현상을 이해하고 그에 따라 행동하려는 욕구에서 생겨난 이러한 신념들은 세계의 기능에 관한 가설로서 그것들이 공식적으로 등장한 맥락을 고려하면 전적으로 합리적이다. 과학에 대한 소심한 기대이자 자연의 관찰 가능한 규칙성의 초기 객관화로서 비근대적 우주론은 그 추론상의 결함 때문이 아니라 결정론적 설명이 합법적으로 적용될 수 있는 수준의 현상학적 실재를 분별할 수 없다는 무능 때문에 우리 자신의 우주론과 구별된다.

뒤르켐은 『종교 생활의 원초적 형태 *The Elementary Forms of the Religious Life*』(1912)에서 전통 종교를 물질세계의 메커니즘에 관한 초보적인 이론으로 보는 관념을 비난하면서 그 대신 전통 종교에서 "개인이 자신이 속한 사회뿐만 아니라 그 사회와의 사이에서 유지하는 모호하지만 친밀한 관계를 자신에게 표현하기 위한 개념체계"를 살펴봐야 한다고 제안한다. 주지주의적 접근법이 주술적-종교적 현실의 우주 중심적인 차원을 강조했다면, 뒤르켐과 종교의 상징적 독해의 지지자들은 인간 중심적인 측면을 힘주어 말했다. 그것[전통 종교]이 쏟아내는 말들은 세계의 시스템보다는 인간 동료의 관계에 압력을 행사하며, 세상을 확실히 통제할 목적의 주술적 언행에 대한 개념적 틀을 제공하기보다 도덕 공동체의 특정 상태를 의미화하고 표현한다는 것이다. 주지주의자들에게 자연이 합리적 설명의 태동 단계에서의 기획 대상이라면, 뒤르켐주의자들에게 자연은 시시각각 변하는 정신적 범주에 의해 활성화되는 뒷배경이다. 인간집단들은 자연을 스크린 삼아 이러한 정신적 범주를 자연에 투영해왔다. 비근대인의 자연은 종교와 마찬가지로 변모한 사회이다. 우리는 사회에 속한 자연의 표상에서 인간이 사회생활을 사고하고 조직하기 위한 가치, 규범, 규약을 읽어낼 수 있다. 그리고 물질세계의 표상이 여전히 성찰적 방식으로 기능한다면, 그것이 객관적이라고 알려진 관습적 실천과 현상의 공상적 이미지여서가 아니라 부정될 수 없는 설득력을 자연의 상징주의에 부여하는 인간 존재의 어떤 조건을 아마도 충실히 나타내기 때문이다.

근대인의 미스터리

앞서 보았듯이 균일한 자연을 부호화하는 상징 장치로서 문화를 상정하는 것은 현실의 특정 속성을 왜곡된 방식으로 반영하는 '세계의 비전'을 가진 사람들과 과학적 탐구에 힘입어 현실을 참되게 이해하는 사람들 사이에 큰 틈을 벌려놓는다. 그렇지만 비근대인을 이데올로기와 신념의 안개 속으로 밀어넣으면, 자연의 질서를 설명하고 그 법칙을 발견하는 문화의 능력에 기반하여 보편성을 주장함으로써 상대주의에서 스스로 벗어났다고 자부하는 유일무이한 문화[근대유럽의 과학]에 대한 이해작업을 훨씬 더 고되게 만들어 고생을 사서 하게 된다. 과학을 타당한 지식의 원형이자 진리의 초월적 원천으로 받들어봤자 근대인이 창조한 이 기이한 우주론에 대한 성찰적 사고를 억제할 뿐이다. 바로 이 구성 원리—다시

말해 우리가 꿰뚫을 수 있는 미스터리를 가진 동질적인 자연과
자의성에 취약한 이질적인 문화들 사이의 분해―에 대해,
이 장엄한 근대적인 구조물의 균형을 위협하지 않고서는,
나아가 그렇게 해서 무너진 건물의 잔해 위에 띄엄띄엄 세워진
초가삼간을 수집한다는 것의 우월감을 훼손하지 않고서는
의문을 제기할 수 없기 때문이다.

    두 세기 가까이 과학과 기술이 초래한 세계의 탈주술화를
한탄하는 통곡의 합창이 끊이지 않았다는 점에서 위의
이야기는 귀에 익은 곡조라고 말할 수 있다. 온갖 부류의
반동주의자들, 유약한 공산주의자들, 진정성의 회귀를
갈망하는 사람들은 여기서 다시 시작해야 했기에 이 후렴구를
질리도록 반복했다. 내 목적은 과학적 혹은 기술적 활동을
비난하는 것―참으로 부질없는 짓―이 아니라, 오히려
민족학자가 비근대적 사회를 관찰하고 분석할 때의 '멀리서
보는 관점'에서 우리 사회의 이 중심적인 차원을 파악하는 것이
얼마나 어려운지를 강조하는 것이다. 여기에 감도는 생산적인
긴장감은 가장 먼 거리의 초기상황과 이 거리를 줄이려는
수단 사이에서 발생한다. 관찰하는 자와 관찰되는 자가 사회적
출신, 실천적 능력, 생활 방식이 완전히 다를지라도 같은
사고방식과 전제를 공유할 때 이 격차를 유지하기는 더욱
어렵다. 타자의 연구에 활용하기 전에 벌써 자기 자신을 향했던
근대인의 감탄할 만한 비판적 시선에도 불구하고, 플라톤 이래
철학자의 대명사가 된 그 대단한 소질에도 불구하고, 우리가
당연한 이치라고 생각하는 것들에 기반한 일군의 개인들을
직시하기는 어렵다. 실제로 근대사회의 분석가는 자신이

연구하는 근대인과 마찬가지로 모든 인류가 똑같은 시공간을 공유한다고 하는 자연주의 우주론에 침전되어 있고, 그로 인해 자신을 낯설게 만들며 스스로 되돌아볼 수 있고 또 세계 속 자신이 차지한 지위의 기반을 더욱 강력하게 질문하게 만드는 탈중심적 관점을 힘있게 밀어붙이지 못한다.

    물론 이러한 고찰은 근대사회에 관한 사회학적 연구의 적절성에 어떤 식으로든 의문을 제기하지 않는다. 이것은 비근대적 사회의 경험이 있는 민족학자가 어째서 자신의 근시안을 극복하는 데에 더욱 유리한 상황에 있을 수 있는지를 명확히 할 뿐이다. 그도 그럴 것이 민족학자는 자신의 것과 일치하지 않는 세계의 객관화 시스템에 직면하는데, 이 시스템은 민족학자 자신의 것을 색다르게 조명해서 그 특이함과 고유의 특질을 두드러지게 만든다. 그레고리 베이트슨(Gregory Bateson)*이나 로이 와그너(Roy Wagner)와 같은 인류학자들이 인간과 비인간을 각각의 본질적인 시스템으로 나누는 보편성에 처음으로 의문을 제기한 것은

---

* 그레고리 베이트슨(1904~1980)은 영국 케임브리지의 존슨 칼리지에서 생물학을 수학한 후 인류학으로 전공을 바꾼 후 뉴기니와 인도네시아 발리에서 현지 조사를 수행했다. 1956년 미국으로 귀화한 후 아메리카 인류학계에서 주로 활동했다. 특히 뉴기니의 세픽 강 유역의 이아트물 족 의례인 네이븐(naven)에서 나타나는 탈규범적 행위를 개인들 간의 상호작용에 의한 모순의 표출로 이해했다. 예를 들어 엄마는 아이에게 사랑의 언어를 말하면서 꾸중의 몸짓을 하고, 이에 상처를 받은 아이는 이상한 행동과 말투를 표출하는 분열증을 겪을 수 있다. 그의 관심은 시스템 이론, 인지 이론, 행동과학, 사이버네틱스 등 전방위에 걸쳐 있어서 인류학뿐만 아니라 사회학, 심리학 등에 영향을 주었다.

그리 놀랄 일이 아니고, 또 서구 근대 이전이나 외부의
문명에 정통한 지리학자, 철학자, 역사가 등 다른 지식 분야의
전문가들이 저들과 같은 의문을 제기한 것도 전혀 놀랍지 않다.
    지식이라는 나무의 새롭게 뻗은 어느 한 가지에도
저들과 똑같은 열매가 열려 있다. 이 가지의 열매는 바로
근대성을 생산하는 기계의 심장부를 탐구한 결과인데,
이를 상기하는 것이 공평할 것이다. (브뤼노 라투르의
작업, 특히 『행동하는 과학 Science in Action』(1987)을 통해
내가 관심을 두게 된) 과학사회학은 이미 과학에서 모든
사회적 오염을 씻어내려는 고전적 인식론의 교육학적이고
규범적인 담론을 지지하지 않는다. 그러기는커녕 그것은
과학 실험실의 일상생활과 연구자들끼리 벌이는 논쟁의
전개 과정, 사실의 생산과 존재론적 정화의 메커니즘, 기술의
발견과 실험, 산업적이고 정치적인 선택, 간단히 말해 이론과
대상의 뒤얽힘, 개인적 의도와 집단적 압력의 복잡한 관계를
흥미로워한다. 과학사회학은 지금까지 비난받은 것처럼 물질
및 생명의 법칙의 타당성에 문제를 제기하려는 것이 전혀
아니다. '행동하는 과학'을 관찰하는 이 세밀하고 상세한
작업은 과학을 더욱 복잡하고 현실적인 것으로 만든다.
여하간 과학은 근대인이 자기 우주론의 독창성이라고 찾아낸
자연질서와 사회질서의 분리와 맞아떨어지지 않는다. 과학
연구[과학사회학]는 학문의 전당에 올라 있는 공동운명*을

---

*   공동운명(common fate)은 20세기 초에 게슈탈트 심리학자들이
    주장한 지각의 원리 중 하나이다. 독일어로 '모양'이나 '형태'를 뜻하는

인간과 비인간 모두에 되돌려주면서 실증주의에서 가장 견고한 버팀목 하나를 빼앗고, 그 간접적인 결과로서 비근대인에게 그들 자신의 목소리가 더 잘 들리도록 거대한 이원론적 기계의 간섭에 의한 변형을 최소화할 가능성을 제시한다.

일원론과 대칭성

지난 20년간 점점 더 많은 학자가 이원론의 고갈에 따른 결과를 도출하기 시작했지만, 그런데도 이 학자들이 다른 접근으로 이어질 수 있는 경로에 동의하려면 아직 갈 길이 멀다. 가장 일반적인 진입 경로는 넓은 의미에서 현상학의 요건을 갖추는 것이다. 그것은 사회적인 것과 물질적인 세계들이 복잡하게 얽혀 있는 경험을 즐겨 묘사하는 한편으로 주어진 세계를 친숙한 환경으로 즉각 받아들이지 못하게 하는 객관주의적 필터로부터 되도록 멀리 떨어져 있으려 한다. 따라서 이 접근법은 현상학적 상호작용을 순수하게 표현된 상태로 축소하는 사회학적, 인지적 혹은 존재론적 본성의 초월적 원리를 도전적으로 탐구하고, 이뿐만 아니라 인간과 비인간이 상호식별의 그물망에서 서로와 결합하는

게슈탈트(Gestalt)는 우리가 일정한 원리에 의해 세계와 사물을 지각한다는 개념이다. 그중 공동운명의 원리는 같은 방향으로 함께 움직이는 요소들을 한 집단으로 묶어 지각한다는 것을 말한다.

관계의 유동성을 적절히 설명하기에는 너무나 역사 특수적인 문화적 범주—사회, 가치, 물자체, 혹은 표상—에 과감히 도전장을 내민다. 이러한 접근은 묘사하는 집합체들이 세계 속에서 살아가며 세계에 감겨 있음을 지각하는 방식에 최대한 근접하려고 시도하는 것이기 때문에, 구조적, 인과적 결정성의 우선적인 해명을 강조하는 앎의 양식에 비해 확실히 진정성이나 신빙성에서 득을 본다. 그러나 국지적 복잡성에 대한 좀 더 현실적인 설명의 이점은 지구적 복잡성, 즉 존재들 간 관계의 다중적 형태에 대한 더 낮은 이해도를 대가로 치러야 한다는 점을 인정해야 한다. 민족지의 시야 범위에서 얻는 투명성의 효과는 민족지와 역사에서 목격되는 제도화된 관점의 다양성을 해명하려는 순간 불투명성의 요인이 된다. 이것이 우리가 지금부터 생각해봐야 할 문제이다.

이 현상학적 인류학의 한 분야는 '세계 내 존재(being-in-the world)'라는 존재론을 고수하고 있음을 명확하게 주장한다. 이 존재론은 우리 경험의 원초적 기반이자 우리의 의도성의 지평으로서 환경세계(*Umwelt*)*에 관한 후설의 관념뿐만 아니라 하이데거와 메를로 퐁티에 의한 이 관념의 발전과 재정식화로부터 영감을 얻는다. 이 엄격한 철학적 기반에 더해 동물과 인간에 의한 환경의 주관적 구축에

---

*   환경세계는 영어로는 'surrounding world', 'phenomenal world', 'self world', 'self-in-world' 등으로 다양하게 번역되고, 일본의 동물학자 히다카 도니타카(日高敏隆, 1930~2009)는 '환세계(環世界)'로 번역했다. 환경세계라는 번역어는 『동물들의 세계와 인간의 세계—보이지 않는 세계의 그림책』(정지은 옮김, 도서출판b, 2012년)에 따른 것이다.

관한 야콥 폰 윅스퀼(Jakob von Uexküll)*의 선구적인 연구,
그리고 또 동물의 지각에서 감지된 대상의 두드러지는 특성과
지각하는 주체의 특정한 행동 방향 간의 연결 장치로서
어포던스(affordance)** 개념에 관한 제임스 깁슨(James
Gibson)의 최근 작업 등이 공통의 관심사로 추가된다.
예를 들어 팀 잉골드(Tim Ingold)***가「환경을 인식하는
방식으로서의 수렵과 채집 Hunting and Gathering as Ways of
Perceiving the Environment」(1996)에서 수렵채집민과 환경의

*   야콥 폰 윅스퀼(1864~1944)은 발트 독일 출신의 생물학자로서 함부르크 대학의 교수를 역임했다. 그는 고등동물뿐만 아니라 진드기, 성게, 아메바 등의 다양한 유기체가 주변 환경을 어떻게 지각하는지를 탐구하였고, 이러한 유기체들이 감각의 주체로서 만들어가는 자기 세계를 환경세계(Umwelt)라는 새로운 용어로 정의하였다. 환경세계는 존재가 시간과 무관하지 않고 오히려 시간 속에 던져진다는 하이데거의 존재론에 결정적인 아이디어를 제공했다.
** 어포던스(affordance)는 미국의 심리학자인 제임스 깁슨(1904~1979)이 새롭게 만든 용어이다. 그는 제공한다는 뜻의 afford에 -ance를 붙여 명사형으로 만들어서 "환경의 어포던스는 환경이 좋든 나쁘든 동물에게 공급하는 무엇이며, 제공하고 마련해주는 무엇이다. … 동물과 환경의 상호보완성을 뜻한다"(Gibson 1979: 127)라고 정의했다. 생태 심리학의 용어로서 어포던스는 환경이 동물의 행동을 유인하고, 또 동물은 환경을 자기와 더 잘 어울리도록 조성한다는 뜻이다.
*** 팀 잉골드(1948~)는 영국의 사회인류학자이며 에버딘 대학의 인류학 석좌교수로 재직 중이다. 그는 핀란드 사미 족의 생태적응과 사회조직에 관한 논문으로 케임브리지 대학에서 인류학 박사학위를 받았다. 그의 관심은 인간과 동물 관계, 생태학, 예술, 건축 등의 다방면에 걸쳐 있으며, 특히 인간을 움직임 그 자체를 통해 시공간을 창조하고 스스로 변화하는 존재로서 탐구하고 있다.

관계를 생활세계의 구성요소에의 완전한 몰입과 능동적이고 직관적이며 실천적인 참여로 특징짓는 것은 바로 위의 유산을 물려받은 결과이다. 이와 대조적으로 자연의 외부성을 상정하는 것에서부터 시작하는 고전 인류학의 관점에서는 자연 속에서 어떤 실천적 활동이 수행되기 전에 자연은 사고를 통해 파악되어야 하고 이미 결정된 문화적 기획에 따라 상징에 전용되어야 한다. 그러나 특히 수렵채집민들이 개발한 이 '거주의 존재론(ontology of dwelling)'은 그들만의 특혜가 아니다. 잉골드에 따르면, 그것은 그것과 대체 가능한 존재론, 즉 [현실] 세계에서 떨어져 나간 정신을 기본적으로 상정하는 서구의 존재론과 비교해서 인간의 조건을 더 정확하게 표현한다. 수렵채집민의 존재론은 참되고 현실에 적실하며 존재 경험의 복잡성을 충실하게 설명한다. 이와 달리 근대인의 힘겨운 관념적 구성물은 이원론의 분석론 그리고 주체와 객체를 잇는 다수의 매개에 붙들려 있다.

  이러한 입장은 철학적인 신앙고백으로는 전적으로 정당하지만, 잉골드가 성취하려 한 인류학적 차원에서는 그렇다고 말하기 어렵다. 그것은 흔한 자민족중심주의적 편견을 뒤집은 것에 불과하다. 그것은 이제 근대인이 정립했다고 하는 현실의 참된 객관화의 불완전 버전이나 어설픈 예표로서 등장하는 고대 민족의 정령신앙이 아니다. 오히려 [거주의 존재론이라는] 바로 이 객관화는 세계의 원초적 경험의 진실을 가장하는 무시무시한 생성물로서 등장한다. 수렵채집민이야말로 현상학의 도움을 받아 우리에게 세계를 더 잘 설명해준다. 그러나 인류학에서는 어떤 존재론도 그 자체로 다른 존재론보다 낫다거나 참되다고 말할 수 없다. 각각의 존재론은 타당성이나 도덕적 명분의 측면에서 혹은 참된 삶이나 그 메커니즘의 더욱 완전한 해명을 승인하는지의 측면에서가 아니라, 세계에 대한 우리의 공통된 경험을 서식화하는 가운데 온갖 타자들과 관련해서 나타나는 변이들이라는 점에서 검토되어야 한다.

    뿌리치기 힘든 마성의 매력을 지닌 어느 철학의 일반 노선과 일치한다는 구실로 특정 존재론을 우위에 놓는 것은 현대의 서구적 관례와 제도를 민족지적 가치판단의 규준으로 채택하는 것만큼이나 확실히 세계와의 관계 형식의 다양성에 대한 이해를 저해한다. 잉골드는 이 점을 솔직하게 시인한다. "나 또한 수렵채집민과 서구의 과학자나 인문학자 각각의 '의도적인 세계'*를 비교할 생각이 없다." 이어서 "그러한 비교가 동등한 수준에서 이뤄질 것이라는 가정은 물론 환상이다"라고 덧붙인다. 그러나 피그미 사람들(Pygmies)과 천체물리학자들은 전혀 다르다는 추정, 즉 세계의 연속성과 불연속성을 지각하고 경험하는 그들 각각의 수단이 서로의 현실을 통약불가능성의 평행한 평면에 제각기 위치시킬 정도로 이질적인 메커니즘에 부합한다는

---

*   의도적인 세계들(intentional worlds)은 의도성(intentionality)에 의한 세계들을 가리킨다. 의도성은 사물에 대한 마음의 힘과 방향을 가리킨다. 이 의도성의 세계들은 물리적 현상과 별개일 수 있다. 예를 들어 신라의 승려 원효대사는 불법을 닦으러 당으로 가는 도중 어느 동굴에서 하룻밤을 보내게 되었고 잠결에 목이 말라 해골에 담긴 더러운 물을 마시고 갈증을 풀었다.

추정 외에는 이러한 프로젝트에 환상이라고 할 것이 없다. 그렇지 않은가? 18세기에 에카테리나 2세를 위해 시베리아 극동지방 최초의 지도를 작성한 니콜라스 다우킨(Nicholas Daurkin)의 경우처럼 시베리아 추코트카의 젊은 바다표범 사냥꾼은 얼마든지 존경받는 지리학자가 될 수 있다. 또 『라볼리오 Raboliot』*에서처럼 솔로뉴(Sologne)의 밀렵꾼은 우리가 적어도 소설가 모리스 주느부아(Maurice Genevoix)의 재능을 믿는다면, 수렵채집민의 '의도적인 세계(intentional world)'에서 충분히 활약 가능하다. 수렵채집민은 능력 면에서 학자와 구별되는 것이 아니다. 이 둘을 구별하는 것은 세상 경험을 말로 표현하고 전달하는 방법의 습득을 통해 현상학적 실재를 부호화하고 분류하는 스키마**의 있고 없음이다. 스키마는 어느 한 시공간에서 인간과 비인간의 특정한 관계조합을 특권화하는 역사적인 선택에서

---

* 프랑스 작가 모리스 주느부아(1890~1980)의 1925년 소설 『라볼리오』는 프랑스어로 '야생토끼'를 뜻한다. 주느부아는 이 작품에서 자신의 고향인 발 드 루아르(Val de Loire)의 솔로뉴 숲을 배경으로 어린 시절 경험한 인간과 자연의 조화를 이야기했다. 주인공은 야생토끼와 같다고 하여 '라볼리오'라고 불리며 어떤 질서에도 구속되지 않고 자유로이 사냥을 즐기고, 이를 못마땅히 여긴 경관의 추적을 피해 도망친다. 이 밀렵꾼 이야기는 20세기 초 인간에 길들지 않는 야생의 자연을 묘사하고 찬양한다. 이 소설은 근대 최초의 생태소설로 평가받는다.

** 스키마는 인지과학에서 이해와 추론의 패턴을 확립하는 인지 과정 내에서 반복되는 구조를 가리키는 개념적 용어이다. 마크 존슨은 이러한 패턴의 구조는 신체적, 언어적, 역사적 경험을 통해 형성된다고 주장한다(마크 존슨, 『몸의 의미』, 김동환, 최영호 옮김, 동문선, 2012).

발동되는데, 이런 식으로 인간과 비인간의 관계는 일관성 있게 자연스레 경험되는 독특한 집합체—집합체를 실현하는 개인이 탄생하기 이전에 이미 구성된 집합체—로 연합된다. 잉골드는 실천 활동의 강력한 자명성을 불명료하게 만드는 모든 사회적 매개—언어적 범주, 행위 규범, 가치, 교육체계 및 지식체계—를 제거하려는 통념 파괴적인 야심이 있었지만, 야심이 앞선 나머지 저 번역 장치 없이는 타자나 타자의 세상 경험에 접속할 수 없다는 것을 잊은 듯하다. 물론 저 번역 장치에는 개개의 인간이 세상 경험을 이야기할 수 있게 그 설명을 형상화한다는 조건이 따라붙는다. 인류학자의 과업은 존재론의 진정성을 재단하는 것이 아니다. 그보다 인간이라면 누구나 할 만한 실천적인 참여의 입장에 우선 서서 이로부터 우리 자신의 존재론을 포함하여 이러한 모든 존재론이 어떻게 해서 특정 장소와 특정 시대의 어떤 사람들에게 자명한 것이 되었는지를 이해하는 것이다.

현상학적 인류학은 [무명의] 존재들과 [철학적] 대존재 사이에 머물려고 애쓰는 탓에, 인간을 무색하게 만드는 유동체의 세계를 향하거나 인간에 의해 부여된 의미의 범람을 향해서 이쪽저쪽을 번갈아가며 자기를 밀어내는 살랑이는 미풍에도 민감하게 반응한다. 이와 마찬가지로 오귀스탱 베르크(Augustin Berque)는 『대지에서 인간으로 산다는 것 *Etre humains sur la terre*』(1996)에서 관계론적 존재론과 '거주의 윤리'에 시야를 고정하면서도 잉골드의 저서에서 묘사되는 실천적 상호작용을 통한 존재와 사물에 대한 이 일반화된 주관화를 넘어서지 못한다. 베르크는

외쿠메네(ecumene)*의 윤리학, 다시 말해 인류의 거주지로서
지구—'세계성(Weltlichkeit)'에 대한 하이데거 관념의 표현이자
개개의 존재를 초월하는 진리 관계의 근원—의 윤리학을
공식화할 때, 우선 시간적 맥락의 요구에 주목한다. 그의
표현에 의하면, 환경 혹은 시대의 '통태(通態, trajection)'을
분석하려면 관찰자 측이 '객관화의 노력'을 해야 하는데,
관찰자가 자신이 사는 세계의 '시대성(epochality)'에 침잠되어
있다는 점에서 그 노력은 훨씬 더 엄중해야 한다. 따라서
현상학은 수렵채집민의 관점의 타당성을 입증하기에 앞서
근대사상과 고대 민족의 전체론적 사고 모두를 동시에
넘어서야 한다. 그러나 베르크가 잉골드와 자신이 다르다고
선을 긋는 부분은 무엇보다도 선험적으로 주어지는 모호하지
않은 사회중심성(sociocentricity)에 있다. "환경에 인간의
가치를 투사하는 것이야말로 환경을 인간의 장소로 만든다."
이와 달리 잉골드는 그러한 투사 과정을 반박하는 비판적인
접근법을 구사한다. 그에 따르면 그것은 현상학적 접근이
폐지하려 한 무언의 자연과 복화술의 문화 사이의 바로 그
구별을 영속시키는 은밀한 수단이다. 규칙도 없고 표상도 없는
순결한 현실 세계 속 인간의 소멸과 지상의 유의미한 것들에

---

* 외쿠메네는 '사람이 사는 땅' 혹은 '사람이 살 수 있는 땅'을 뜻하는
그리스어이다. 고대 그리스와 로마에서는 인간집단의 거주지가 유럽,
아시아, 아프리카 세 대륙에 분포하며 문명 세계를 구성한다고 생각했다.
나아가 로마 제국에서 외쿠메네는 자신들의 행정조직이 관장하는 영역을
가리켰다. 근대 이후 외쿠메네는 완전히 별개의 문명 세계를 뜻하는 문화적,
은유적 용어로 사용된다.

관한 규정 속 인간의 우월성 사이에 있는 세계 내 존재라는 사잇길은 갈지자로 갈팡질팡 꼬여있다.

중간 입장을 채택하는 또 다른 방법은 과학기술의 실천이 주체와 객체, 사회와 물질세계, 보편적인 것과 상대적인 것 등의 '순수 형식' 사이에 하이브리드*를 골고루 배분하기 위해 스스로 생산하는 하이브리드를 어떻게 잘 걸러내고 재조정하는지를 검증함으로써 자연과 문화라는 두 극에 동등한 가중치를 부여하는 데에 있다. 이것은 미셸 칼롱(Michel Callon)**과 브뤼노 라투르를 중심으로 모인 사회학자들이 대칭성의 인류학(symmetrical anthropology)을 구축하기 위한 목표를 가지고 채택한 방법론이다. 그들은 과학기술 연구에 새로운 활력을 불어넣으려는 야심에 가득 차서 데이비드 블로어(David Bloor)***가 정식화한 대칭성의 첫 번째 원리를

---

* 하이브리드(hybrid)는 라틴어 'hybrida'에서 유래한 것으로 집돼지와 멧돼지 사이에서 태어난 자손을 가리켰다. 영어권에서 17세기 초부터 사용된 이 말은 시민과 노예 사이에서 태어난 자손을 부르는 경우가 많았고 보통 이종교배 혹은 잡종을 뜻했다. 라투르는 이 말을 근대 세계에서 사회적 요소와 자연적 요소가 혼합되는 방식을 나타내는 것으로 사용하며 객체 혹은 사물에 한정하지 않는다. 라투르에 의하면 근대 세계는 '하이브리드의 확산'으로 특징지어지는데, 이에 따라 근대인은 근대화를 추구할수록 애초 상정한 근대 세계에서 멀어지게 된다.

** 미셸 칼롱(1945~)은 국립광업학교(École des mines de Paris)의 사회학 교수이며, 프랑스의 사회학 센터 회원이다. 과학기술학 분야의 연구자로 브뤼노 라투르와 함께 행위자연결망 이론(Actor-Network Theory)을 창안했다.

*** 데이비드 블로어(1942~)는 영국의 사회학자로 에든버러 대학의 교수를 역임했다. 그는 과학지식의 사회학 분야의 주요 학자이다. 그는 브뤼노

넘어서는 작업에 매진해왔다. 블로어는 과학의 실패뿐만
아니라 과학의 성공에서도 진리와 오류를 동등하게 다룰 것을
권장하는데, 이는 과학이 공인되고 제도화될 때의 통상적인
활동보다 과학적 생산의 잔 실수나 극복해야 하는 장애물에
더욱 관심을 가지는 종래의 인식론 및 지식사회학과는
대조적이다. 그러나 이 첫 단계는 과학적 실천에 영향을 주는
이데올로기적, 사회적 제약을 통해 진리의 성공과 거짓의
실패를 설명하기 때문에, 그 자체는 여전히 비대칭적이다.
결과적으로 그것은 자연을 지적인 구성물, 즉 역사적 상황이나
특정 지역의 지배적인 사고 양식에 따라 구성이 변화하는
객체로서 구상하며, 정당한 과학인지 아닌지를 규정할 수
있는 유일한 특권을 사회에 일임하고, 이에 따라 뒤르켐도
책잡지 못할 탄탄한 실재론을 자연에 내맡긴다. 그래서 연구실,
연구소, 산업 현장 등에서 물리적 현상과 측정장치, 경제적
요건과 물질적 기구, 법률과 방법론의 원리 각각의 불가분한
혼합물을 생산하는 메커니즘을 규명하기 위해서는 더더욱
균형 잡힌 대칭성이 요구된다. 요약하면, 우리는 매개가
작동하는 근대 세계의 모든 곳에서 매개자가 설명해주는
공식적인 규정에 안주하지 않고 준-객체와 준-주체 사이의
매개 작업을 쉴 새 없이 추진해가는 것이 필요하다.

    이 기획사업은 민족지에서 영감을 얻었다. 비근대적
사회를 기술하는 인류학자가 사냥 의례, 조상 숭배,

라투르를 위시한 프랑스 사회학계에서 행위자연결망 이론을 제기했을 때 인간과 비인간이 동등한 대우를 받아야 한다는 주장에 강하게 반대했다.

토지보유권, 권위의 형태를 조화롭게 연결하듯이, 대칭적인 접근법을 고취하는 사회학자는 근대인의 이원론적 담론의 배후에서 존재론적 혼합물을 창출할 수단, 인간과 비인간의 속성을 결정하며 그 사이의 관계와 집단화의 형식과 각각의 경쟁력을 정의하는 과정을 찾아내려고 노력한다. 그러나 민족학자가 장기간 독점적으로 점유한 영토에 발이 묶인 사회들과 달리, 새로운 과학 사회학의 대상은 계류장에 묶인 배가 아니다. 그것은 자연과 문화의 혼종적 조합을 상호 번역을 통해 창출하려는 공동의 실천적 연결망에 배치된다. 그리하여 과학자들과 그들이 객관화하는 현상, 기술자들과 그들의 기계, 관리자들과 그들의 규칙은 정체가 드러나며 제각기 연결망 내의 모든 결절점의 대변자라는 것이 만천하에 공개된다.

    이 인류학은 또 다른 측면에서 대칭성을 목표로 한다. '대분할(Great Divide)'*에 도전장을 내밀면서, 근대와 비근대를 같은 평면에 위치시키고 존재와 속성 사이의 재분할이 작동하는 모든 집합체—인류학이 전문적으로 다루는 사람들, 근대인이 연구하되 추종하지 않는 존재론 및 우주론의 생산자들, 나아가 우리가 구체적인 생산방식은 제대로 공부하지 않으면서 신봉하는 실증적인 지식을 통해 세밀하게

---

*   대분할은 브뤼노 라투르가 근대 헌법의 기본원리로 제기한 것인데, 첫 번째 대분할은 근대 유럽에서 과학의 성립과 함께 인간(사회)과 비인간(자연) 간의 분할이며, 이 분할을 외부로 수출한 결과인 두 번째 분할은 근대인(우리)과 비근대인(그들) 간의 분할이다. 여기서 전자는 유럽인을 가리키며 후자는 비유럽인을 가리킨다. (브뤼노 라투르, 『우리는 결코 근대인이었던 적이 없다』, 홍철기 옮김, 갈무리, 2009, 246~253쪽 참조.)

연구되는 집합체—를 똑같이 고찰할 것을 제안한다. 대칭성의 인류학은 지금까지 근대적 이원론이 수행한 구조화의 기능을 더이상 이 이원론에 맡기려 하지 않고, 인간이란 언제 어디서나 비인간 군집을 공동체의 삶에 편성해왔음을 강조하면서 아마존 부족과 생물학 연구소, 성모마리아 순례길과 전자가속 장치를 동등한 위치에 놓는다. 이국적인 것과 친숙한 것 사이에서, 비근대에 의해 촉발된 학문적 해설과 근대성 생산의 가장 복잡한 장치를 덮어씌우는 불투명한 진부함 사이에서, 기다려마지않던 화해의 담지자인 대칭성의 인류학은 정말로 민족학자를 무관심 속에 버려둬서는 안 될 프로그램이다.

 그런데 이 모든 안정화된 중재 사이에서 무엇을 어떻게 걸러내고 분류한단 말인가? 이 집합체들이 동원하는 자원을 사용해서 너무나 다양한 집합체들을 어떻게 비교한단 말인가? 집합체들을 구별하는 각각의 차이를 어떻게 설명한단 말인가? 대칭성의 인류학은 이 난제에 부분적인 답만을 제시할 뿐이며, 그것도 대부분 연구 대상의 특수한 성격에 좌우된다. 근대인과 근대인이 아닌 사람들은 기본적으로 근대인이 대량의 비인간, 특히 대량의 기계를 담아낼 수 있는 거대한 연결망을 창출해왔고 이 혼합물의 귀결인 공동체를 더욱 친밀하고 복잡하게 만들어왔다는 사실에 의해 구별될 것이다(라투르가 『우리는 결코 근대인이었던 적이 없다』에서 보여준 것처럼). 따라서 이 대비는 질적이기보다 양적이다. 그것은 자연과 사회의 결합의 이질적인 형식에 있지 않고 연결망의 확장과 그 상호접속의 밀도에 있다. 사실 대칭성의 인류학은 인간과 비인간 집합체들의 특정 형식의 관습적 실천에의 안정화에 관한 일반 이론이 여전히 부족하다. 그러나 이러한 이론을 구성하게 되면 대칭성의 인류학이 기초로 삼는 행위자연결망 이론의 어느 한 원리를 위반하게 될 것은 뻔하다. 하이브리드가 생산되는 방식을 조직하고 인간과 비인간 사이의 특정한 배열구성을 만드는 제도화된 장치에 더 많은 권한을 줘야 하기 때문이다. 그리고 또 모든 배분에서 선별되는 재료에 규격이 맞아야 하는 그물코의 필터 모음이 필요할 것이다. 비교하는 것이란 간단히 말해 인간 자신이 현실을 걸러내고 분류하고 재구성하기까지 쓰이는 구조의 다양성을 포착하는 것과 같기 때문이다. 라투르는 인류(anthropos)를 "형태론(morphisms)의 교체자이자 혼합자"*로 정의할 때 확실히 이 점을 의식하고 있다. 인간이라는 인물은 존재론적 운명의 위대한 분배자이며, 동물, 기계, 신들에 자신을 부분적으로 위임하기 위해 채택하는 형식에 따라 다양한 가면으로 자신을 표현하는 데에 능숙하다. 그렇지만 이 형식은 무작위적이지도 우발적이지도 않다. 그것은 그때뿐인 교섭의 변덕에서 탄생하지도 않고 연결망의 주변부에서 스스로 소멸하지도 않는다. 그것은 인류가 세계와 맺고 스스로와 맺는 관계에 질서와 의미를 부여하기 위해 언제나 끌어들여야 했던 조합편성의 윤곽을 보여준다.

집단생활을 기술할 때 주체와 세계 각각의 이원성을 제거하고자 한다면, 공동체 성원의 행동에서 일관성과 규칙성을 설명해주는 틀에 잡힌 구조에 관한 연구를 소홀히

---

* 브뤼노 라투르, 『우리는 결코 근대인이었던 적이 없다』, 홍철기 옮김, 갈무리, 340-341쪽. 부분 수정.

해서는 안 된다. 공동체의 구성원은 공과 사가 구분되는 행동 양식이 있고 게다가 이 양식에 관한 성문화된 설명서도 있다. 형식의 제약과 경험의 원초적 진실 사이의 이 긴장감은 물론 새롭지 않다. 이미 그것은 지식철학의 근대적 발전의 심장부에 위치한다. 최근 인지과학에 활력을 불어넣고 있는 논의에서 이 문제는 독특한 활기를 띤다. 한편에서 우리는 신체화되거나 맥락화된 인지의 열렬한 지지자들을 발견한다. 이들은 깁슨(Gibson)의 제자들 그리고 이해의 구조를 유기체와 그 환경 간의 상호작용에 기인한 창발적 속성으로서 강조하기 위해 심신 이원론에 도전하는 모든 이들이다. 다른 한편에는 신 촘스키파로서 정보 처리를 위한 특화된 장치의 아상블라주로서 마음의 모듈 이론을 옹호하는 이들이 있다. 첫 번째 그룹은 개인의 경험에 과도한 특권을 부여하는 가운데 공유된 표상의 안정화와 실천의 구조화에서 이 표상이 맡는 역할을 설명하지 못한다. 두 번째 그룹은 사고의 선험적 범주를 보편화하는 데에서 맥락에 따른 표현의 다양성을 제대로 설명하지 못한다. 언어학자처럼 말하면, 수행의 관점에 지나치게 연연하면 역량의 조직구성이 보이지 않게 되고, 반면에 역량의 인지적 조건을 탐색하다 보면 수행에서의 그 표현을 도외시하게 된다. 어느 경우에도 세계와의 관계 시스템의 다양성에 대한 이해가 위태로워진다.

    따라서 경험의 집합적 형식을 제도화하고 안정화하는 문제를 재검토하는 것은 시급한 과제이다. 지난 20년간 사회과학에서 구조의 사실에 관한 연구를 경시해온 탓에 누구는 이러한 과업을 시대착오적이라고 생각할 수도 있다.

제대로 이해하려 하지 않고 희화화에 급급한 구조주의에
대한 반응을 보면—대개는 추상적 형식주의로 환원하는데,
그것은 실제로 레비스트로스, 뱅베니스트(Émile Benveniste)*,
뒤메질(Georges Dumézil)**의 저작에서 찾기 어려울
것이다—, 동원되는 것은 온통 자발성, 창조성, 감정뿐이다.
사회적 행위자의 인과적 행위성이 주목을 받아 왔고, 역사적
역동성에서 헤게모니와 억압에 대한 저항의 중요성이
부각돼 왔다. 소외로부터 해방된 이후 드디어 자명해질
의지적 실천(praxis)—이것이 정말로 사실이라면 얼마나
좋겠는가!—을 회복하려는 현 추세는 마치 최후의 만찬에서
누구에게 쏟아진 비난처럼 비난 그 자체가 이론적 명제로
통하는 상황을 조성하기 위해 날조된 적에게 향해 있다. 칸트의

---

* 에밀 뱅베니스트(1902~1976)는 프랑스의 구조언어학자이다. 그는 1937년 콜레주드프랑스의 비교문법학 석좌교수로 선출되었고 1969년 12월 뇌졸중으로 실어증에 걸리기 전까지 인도유럽어 연구 활동을 활발히 전개했다. 그는 인간의 언어 활동은 비인간의 자극반응 시스템으로 전락할 수 없다며 인간 언어 현상의 독자성을 주장하였다.

** 조르주 뒤메질(1898~1986)은 프랑스의 언어학자이자 종교학자로서 인도-유럽의 언어와 신화를 연구했다. 1924년 비교종교학 박사학위를 취득한 후 프랑스에서 자리를 잡지 못하자 이스탄불 대학의 종교사 교수로 재직하면서 인도-이란의 신들을 연구한 끝에 인도-유럽의 사회적 기원으로 '3기능 가설 공식(Formulation of the trifunctional hypothesis)'을 내놓는다. 인도-유럽에서는 성직자들이 '우주적·법적 주권의 유지'를, 전사들은 '육체적 능력의 발휘'를, 평민들은 '육체적 행복, 다산성, 부 등의 촉진'을 담당했다는 것이며, 이 가설은 고대 문명에 대한 이해의 틀을 제공했다. 이후 레비스트로스, 미르체아 엘리아데(Mircea Eliade)와의 교류를 통해 비교신화 연구로 나아갔다.

잘못이며 데카르트의 잘못이고 레비스트로스의 잘못이라고 말하기는 쉽다. 그러나 자각하는 행위성이라는 원동력은 민족학적이고 사회학적인 정보자료에 뚜렷한 족적을 거의 남기지 않는다. 논문이나 단행본을 뒤져봐도 어느 집단에서 관찰되는 관습과 행위는 계획적인 합의에 기인하지 않으며, 그 구성원들이 문화적 모델 혹은 명확한 규칙 시스템으로 소급할 수 없는 일관성과 어느 정도의 자동성을 드러낸다. 인간과 비인간 모두에 공통하는 이 태도는 어디서 온 것일까? 이 태도는 몸에 배어있어서 프로그램화되어 있는 듯하지만, 깊이 내면화되었기 때문에 반성을 통해서는 거의 표면화될 수 없다. 무엇이 그 영속성과 일반성을 만들어내는가? 누구는 모방이라고 말한다. 물론이다. 그러나 그렇다면 우리는 왜 전파의 어떤 가능성도 배제될 만큼 멀리 떨어진 세계 곳곳에서 유사한 기질을 발견하는 것일까? 목격한 것을 본 그대로 재생하고 타자의 행동에 맞추거나 따라 하는 것은 어떤 종류의 행동이나 어떤 유형의 발언을 관습적으로 실행하는 공동체 내의 전파를 설명할 수 있지만, 그것들이 처음에 어떻게 해서 생겨났으며 어떤 양식에서 표현되고 또 같은 공동체 내에서 다른 장르의 행동이나 발언과 호환된다는 사실은 설명할 수 없다. 이러한 자동기술법*을 설명하기 위해 우리는 교육을

---

*   자동기술법(오토마티즘, automatism)은 그리스어로 스스로 행동한다는 뜻의 '오토마토스(automatos)'에서 유래한다. 보통 의식적인 자기 통제나 검열 없이 종종 목적 없는 말이 튀어나오는 경우나 몸이 저절로 움직이는 경우를 가리킨다.

통해 주입된 규칙의 모든 목록을 상기할 수도 없고 가능한 최상의 선택을 둘러싼 공공의 심의를 불러낼 수도 없다. 오히려 우리는 이러한 판단과 행동의 수렴에서 특징적인 행동의 표현을 지향하는 인지적이고 감각-운동적인 본보기의 효과를 살펴봐야 하고, 효과를 내기 위해 암묵적으로 남아 있어야 하며 집단적인 사변으로부터 보호받아야 하는 실천의 운영계획을 살펴봐야 한다.

보편주의와 상대주의

규칙성의 탐구와 불변성의 구축이 이렇게 해서 다시 의제로 되돌아온다. 그러나 과학적 보편주의의 인장이 찍힌 이러한 성격의 기획사업은 세계에 대한 우리 자신의 객관화를 표현하게 하는 개념적 장치의 상대적인 성격과 어떻게 결합할 수 있을까? 모든 인간에 적용 가능한 인류학적 명료성을 요구하면서도 이 과제에 쓰이는 도구가 어느 한 문명의 역사적 궤적의 우발적 산물이라는 진술이 가당키나 할까? 첫걸음은 바로 보편주의와 상대주의 사이의 무익하고 무능한 대립부터 없애는 것이다. 두 개념은 사실 자연과 문화의 대립을 양립할 수 없는 신조(credos)로서, 즉 물질과 생명에는 보편적인 규칙으로, 제도에는 상대적인 규범으로 각각 새겨넣는 인식론적 디캔테이션(decantation)*의 메커니즘이다. 그러나

---

*   디캔테이션은 액체나 고체 혼합물의 분리를 위한 과정을 말한다. 액체

이 둘 사이에는 약간의 여유가 있어서 어떤 사람들은 매사 같은 방식으로 움직이는 결정성의 효과를 상기함으로써 상대적인 것의 범위를 좁혀나가고, 또 어떤 사람들은 과학적 진리의 생산에서 동원된 절차와 의도의 순수성에 의문을 제기한다. 이러한 상황에 만족하지 않는 사람들은 흔히 사실의 완강한 증거에 대한 맹목성을 비난하고 비합리성 혹은 도덕적 회의주의에 쉽게 빠지는 성향을 책망한다. 그렇다면 나는 어떠한가? 지구의 인력이나 광합성의 실재성에 이의를 제기하지도 않고, 그렇다고 죽은 자에 대한 예우 혹은 아동의 사회화를 위해 인류가 찾아낸 해법의 엄청난 이질성에 이의를 제기하지도 않는다는 것을 명시해야 할까? 내가 여기서 문제 삼는 것은 분명 과학적 연구의 정당성, 즉 그것이 만들어내는 설명의 타당성이 아니라, 오히려 과학적 연구에 종사하는 수많은 실무자가 자발적으로 채택하는 기존의 인식론적 틀이며 나아가 그것을 자기와 다르게 보이는 것들의 판단 기준으로 내놓는 태도이다.

    연구 프로그램, 지식철학, 이질적인 가치체계에서 발견되는 자연과 문화 각각의 속성의 물상화(reification)는 인간이 자신과 비인간 사이에 확립하는 관계의 다양성을 이해하려는 내가 주목하는 기획사업을 교착 상태에 빠뜨릴 뿐이라는 것이 점점 더 명확해지는 듯하다. 이 주제에 대해 말하자면, 만약 우리가 초월적인 원형의 잣대로 존재와 사물에

혼합물의 경우 밀도차를 이용하여 밀도가 낮아 상단에 떠오른 층과 밀도가 높아 하단에 가라앉은 층을 분리할 수 있다.

대한 우리의 이해를 영원히 측정하고 싶지 않다면, 어느 한 실천이나 담론의 진리 가치에 관한 모든 판단을 반드시 유보해야 한다. 가령 나는 유전자 치료가 샤머니즘에 의한 치병보다 병을 더 낫게 해줄 것이라고 기꺼이 믿지만, 전자는 실증적인 실재에 정박해 있고 후자는 상징계 및 상상계에 정박해 있다고 규정한다고 해서 과학적 사고의 '정신의 자유'가 정당화되는 것은 아니라고 생각한다. 두 치유 행위 각각의 속성, 그것들이 작동하는 조합과 매개, 그것들이 창출하는 상호작용, 그것들이 반영하는 존재론적 분할, 그것들이 존재하게 되는 상황, 이 모두는 샤머니즘이 종속적으로 탐구될 때, 즉 근대의학의 생물학적 진리와 치료 효능과 관련해서 입증될 것이라는 근대의학과의 크고 작은 격차에 따라 파악될 때 비교 불가능해진다. 나는 상대주의자의 신앙고백을 하려는 것이 아니다. 상대주의는 무한의 특수한 문화 공식이 선명하게 나타나도록 배경 역할을 하는 자연의 보편적 질서가 어느 정도 숨김없이 뒷받침해줘야 가능하다. 캔버스를 찢어라. 단, 캔버스가 표상의 임무를 떠안은 현실의 해당 부분의 존재를 부인하지는 말라. 그러면 앞 무대에 나서는 요소들이 완전히 새로운 풍경을 스스로 재구성할 것이다. 자연과 사회, 인간과 비인간, 개인과 집단은 이제 물질, 과정, 표상 사이에 흩어진 채 나타나지 않고 타자와의 관계에서 차지하는 위치에 따라 존재론적 지위와 행동 역량이 다변하는 다중적 개체 간 관계의 제도화된 표현으로서 우리에게 나타날 것이다.

세계에 대한 우리의 실천적, 관여적 사고와 행동의 틀의 안정화―'월딩(worlding)'이라고도 부를 수 있는 것―는 기본적으로 존재하는 것들의 자질을 감지하고 그에 따라 그것들이 유지하기 쉬운 연결과 잘할 수 있는 행동을 추론하는 우리의 능력에 기초한다. 그러므로 근대주의 인식론이 하듯이 잠재적으로 알 수 있는 모든 사물과 현상으로 이뤄진 유일무이한 진리 세계를 우리 각자가 일상의 주관적인 경험을 통해 창출하는 다중적이고 상대적인 세계들과 대립시키는 것은 사리에 맞지 않는다. 우리 신체의 외부에 존재하고 신체와 접촉하는 저것들은 다양한 관점에 따라 표현되고 설명되기를 기다리는 완전하고 자율적인 집합체로서 나타나는 것이 아니라, 상황에 따라 그리고 인간을 안내하는 존재론적 선택지에 따라 인간에 의해 실현되거나 될 수 없는 자질과 관계의 유한한 집합체로서 나타난다고 인정하는 쪽이 이치에 맞다. 우리 환경의 대상은 우리 역량에 의해 거의 완전히 파악될 준비를 마친 플라톤적 원형도 아니고 원재료에 의미와 형식을 부여하는 순수한 사회적 구성물도 아니다. 그것은 물질적이든 비물질적이든 혹자에 따라 감지되거나 무시되는 자질들의 다발이다. 이것은 레비스트로스의 『슬픈 열대 La Pensée Sauvage』(1962)에서 얻을 수 있는 중요한 교훈 중 하나다. 따라서 월딩 형태의 다양성 그리고 이 과정에 관한 과학적 연구의 보증은 자질과 관계의 세밀한 구현이 무작위적으로 일어나는 것이 아니라 대상—인간뿐만 아니라 비인간까지도, 상징계뿐만 아니라 상상계까지도—에 대한 자질의 할당과 관련해서, 또 이 자질들을 결합하는 연결 유형과 관련해서 기본적인 추론을 통해 도출된다는 사실에 기인한다. 이러한 유형의 원칙에 기초한 겸허한 경험주의는 인류학적 연구의 가능성을 충분히 보장한다. 즉 인류학이란 특정 유기체가 세계에 서식하며 세계 속에서 용도에 맞는 이런저런 속성을 식별하고 세계와의 관계 맺음을 통해 또 그들 사이에서 매우 다양하지만 유한한 자연과의 지속적이거나 간헐적인 유대를 통해 변환에 이바지하는 각양각색의 방법을 가장 문화적으로 중립적인 방식으로 기술하고 체계화하는 것이다.

결론

대단한 선견지명이 없어도 우리는 인간과 자연의 관계가
십중팔구 금세기의 가장 중요한 문제가 되리라 예측할 수 있다.
기후변화, 생물다양성 파괴, 형질전환 유기체의 증식, 화석
연료의 고갈, 취약한 환경과 대도시 중심부의 오염, 열대림의
급속한 소멸 등의 모든 것들이 지구적 차원에서 논의해야 할
공공의 쟁점이 되었고, 우리 행성의 수많은 거주민의 불안을
부채질해왔다. 이와 동시에 우리는 자연이 사회생활과 완전히
별개의 영역으로서 어느 때는 양육하는 어머니로, 다른 때는
심술궂은 계모로, 또 다른 때는 베일에 싸인 신비한 미인으로
실체를 드러내리라고 믿기가 더욱 어려워지게 되었다. 우리가
알던 자연은 인간이 이해하고 통제하려 하고 그 인간에게
변덕을 부려 고통을 주면서도 가치, 관습, 이데올로기가 설
자리가 없는 자율적인 규칙성의 장을 구성하는 영역이었다. 이
환상은 이미 사라지고 없다. 지구 온난화, 오존층 파괴, 특화된
줄기세포 배양 등을 둘러싸고 자연은 어디서 멈출 것이며
문화는 어디서 시작될 것인가? 확실히 이런 질문은 이제

아무 의미가 없다. 이 새로운 형국은 단순히 수많은 윤리적 쟁점을 제기한다기보다 개인과 집단 정체성의 구성뿐만 아니라 인간성과 그 구성요소의 낡은 개념을 뒤엎는다. 적어도 서구 세계에서는 그 외 어딘가에서 일어나는 일들과는 대조적으로 인간과 그 환경에서 자연적인 것과 인공적인 것을 상당히 명확하게 구별하는 데에 익숙해 있다. 다른 지역, 예를 들어 자연 관념이 잘 알려지지 않았고 인간의 신체가 혼의 표식이라거나 초월적 표본—예전에는 신성한 창조물, 오늘날에는 유전자형—의 복제라고 여기지 않는 중국이나 일본에서는 이런 식의 문제가 발생하지 않는다.

이처럼 특히 유럽과 북아메리카에서 생명공학의 발전은 지금까지 자연과의 관계를 조직해온 신념과 규범에 근본적인 질문을 던져야 하는 불편함을 증언하는 불안의 원인이 되었다. 다른 곳에서 생활 습관과 사고방식을 위협하는 것은 오히려 기후와 환경의 변화이다. 그렇지만 이러한 두려움은 합법적이든 환상적이든 과학적 설명으로 거의 누그러지지 않는다. 그 이유는 우선 이 설명을 모든 사람이 들을 수 없기 때문이다. 그리고 무엇보다 이 질문에 대한 세계 공민의 태도가 다양한 문화적 기층에 뿌리내리고 있으며 그것의 형성과 발전이 선진대국이라 할지라도 과학적 발전에 비하면 상대적으로 자율적이기 때문이다. 인류학이 처음부터 연구한 것은 이러한 기층이지 '사회적 요구'(예를 들어 어느 생물학적 기술의 허용 가능성이나 온실 효과에 대항하는 특정 방법의 수용 가능성 등등)에 응답하려고 한 것이 아니다. 더군다나 서구에서 이 문제를 더 일반적인 틀에 위치 지어서 자연

세계에 대한 우리 관념의 붕괴가 미치는 영향을 반영하는 것이 불가결해졌다. 이 틀은 인간의 생물학적 차원의 다양한 개념화와 인간이 여러 장소에서 역사적 과정을 거쳐 발전시킨 물리적 환경과의 관계에 대한 다른 관점의 이해를 검토하게 해준다.

  이러한 기획사업은 견고한 선행연구를 자랑할 만하지만, 주로 학문 분야의 구획화와 전문지식 분야의 특수화로 인해 지금까지 스케치의 상태로 남아 있다. 그에 따라 식물과 동물에 대한 감정의 진화를 되짚거나 기후와 경관의 변경을 기술하는 역사가들의 주목할 만한 연구작업은 기본적으로 서구 세계와 그 식민지적 전망에 초점이 맞춰져 왔다. 그 대상의 본질로 인해 철학과 인식론 또한 자연이라는 관념의 연속적인 변용과 이 변화가 수반하는 과학적 발견을 이해하려고 할 때 오로지 유럽 사상에만 초점을 맞춰왔다. 보존 운동의 이데올로기와 실천, 시골 사람들과 도시 거주민의 환경에 대한 대조적 인식, 생태학적, 생명공학적 위험에 대한 주관적인 평가를 둘러싼 수많은 훌륭한 사회학 연구가 취급하는 것은 여전히 현대 서구와 그 경제적, 정치적 격변이다. 이와 달리 인문지리학은 시선과 방법을 돌려 다른 위도로 향했고 자연조건이 인간 활동에 미치는 영향에 대한 세밀한 분석을 진행해왔다. 지난 수십 년 사이에 열대 지역에 있어서 사회와 환경의 관계를 집중적으로 다루는 논문이나 단행본의 수가 점차 증가하고 있고, 이것들은 지역의 물리적 환경에 따라 사회가 환경을 조성하는 수단에 관한 정보자료를 쏟아내고 있다. 그런데도 그들은 이 연구에서 채택한 분석의 시야 범위로 인해 저명한 열대 지리학자 피에르 구루(Pierre Gourou)*의 '생태학적 환경만을 연구하지 말고 인간이 그것을 어떻게 생각하는지도 연구하라!'라는 조언을 종종 무시해왔다. 그래서 사람들은 지구상의 엄청나게 다양한 지역에서 민속 지식, 분류화 시스템, 신념, 사회와 환경 간의 상호작용을 매개하는 기술에 관한 상세한 정보를 찾고자 할 때 인류학에 더 쉽게 눈을 돌리는 것이다.

문화적 표현의 다양성을 통한 사회생활의 일반적 지식으로서 이해되는 인류학은 이렇듯 다양한 접근법을 한데 엮는 데에서 특히 유리한 위치에 있음을 알게 된다. 그것은 첫째 인류학이 어떤 면에서 자연과 문화의 관계에 관한 철학적 문제의식을 계승해왔기 때문이다. 인류학은 19세기 후반 유럽의 식민주의적 세력권에 포섭된 사람들이 스스로 식물 및 동물과 연결되어 있으며 동식물의 어느 종을 친척으로 대우하고 또 어느 종을 조상이나 신성한 신분으로 받아들인다는 이 낯선 방식에 관해 점점 불어나는 정보를 이해하고 설명하는 임무를 떠안았다. 애니미즘 또는 '원시 토테미즘'을 둘러싼 대논쟁의 기원이 바로 여기에 있다. 이 논쟁에서 인류학의 창시자들이 밝히고자 한 것은 인간과

---

* 피에르 구루(1900~1999)는 프랑스의 열대 지리학자이다. 1926년부터 1935년까지 베트남 하노이에 머물면서 홍강 삼각지 지역에 대한 현지 조사를 수행하고, 이 연구성과를 바탕으로 1936년 '홍강 삼각주의 농민'에 관한 박사학위 논문을 제출했다. 1936년부터 브뤼셀 자유 대학의 교수로 재직했다. 1961년에는 에밀 뱅베니스트와 레비스트로스와 함께 인류학 잡지 「인간」을 창간했다.

비인간의 구별에 연연하지 않고 마치 이성의 주장에 맞서는 것 같은 저 지적 구성물의 인지적, 사회적 기원이다. 그러나 인류학자들이 생물학적인 것, 문화적인 것, 사회적인 것 사이의 접점에서 풀어내고자 한 것은 기원의 우연한 상황의 문제를 훨씬 뛰어넘는다. 왜냐하면 인류학자가 출신지의 지구 반대편이나 더 가까이에서 연구하는 모든 경험적 대상—친족 체계, 혼인과 출계, 인격과 신체의 개념화, 환경에 관한 지식과 실천, 육체적 고통과 도덕적 고뇌의 관리—은 바로 생물학적이면서도 인지적인 데이터에 있으며, 물리적 대상의 특성과 그 특성이 표현되고 변환되는 집단적 스키마뿐만 아니라 개인적 스키마 사이의 접점에 있기 때문이다.

그러나 인류학이 이 임무를 완수하기 위해서는 앞서 몇 가지 형태를 찾아본 능산적 자연과 소산적 자연의 파드되(pas de deux)*를 포기해야 한다. 당연히 자연은 미학적 형식, 과학적 패러다임, 기술적 매개, 분류화의 시스템, 종교적 신념 등 자신을 객관화하는 문화적 코딩 장치를 통해서만 우리와 접속할 수 있다. 당연히 자연현상은 특정한 물리적 속성, 물질에 대한 특정 유형의 작용, 유비 혹은 대조의 특정한 관계를 강조하거나 구분해내거나 덮어버리는 관습적 실천과 표상의 만화경에 의해 번역되어야만 파악될 수 있다. 따라서 신체와 환경의 사용과 표상에 관한 연구는 그 자체가 목적이어서는 안 되고 인간들의 관계와 비인간과의 관계를 조직하는 여러 구조의 명료성에 다가서는 특권적인

---

* 발레에서 두 사람이 추는 춤.

수단이어야 한다. 그렇다고 인류학자는 게놈이나 생태계와
사회제도 사이의 직접적인 결정 관계를 상정하는 이론을
불신한다고 해서 문화를 현실의 전혀 별개의 질서로 바라보는
접근법을 선뜻 받아들여서는 안 된다. 전자는 생물의 진화적
연속성에서 잘못된 결론을 도출하는데, 그 이유는 인간의
다양한 생활 양식에서 생기는 독특한 사회적 분화과정을
도외시하기 때문이다. 이에 반해 후자는 사회생활의 상징적인
차원만을 고려함으로써 이 연속성을 무시하기로 선택한다.
이렇게 되면 사회생활의 상징적 차원은 영원히 불가사의한
것이 되고 다른 예시화(instantiation)*와도 구별하기 어렵게
된다. 인류학은 원동자(原動者, prime mover)**를 찾는 이
무익한 탐구를 그만두고 사람됨(being human)의 본성에 대한
지식을 만들어가는 같은 노력을 공유하는 과학에 주파수를
맞춰야 할 때이다. 지각의 메커니즘에 관한 신경생물학자의

* 예시화는 어떤 속성이나 성질이 대상을 통해 드러나는 것을 말한다.
예시화의 원리에 따르면 대상을 통해 예시화되지 않는 속성이나 성질은
있을 수 없다. 가령 의자의 성질은 의자가 없는 고인류의 시대에는 존재하지
않았다. 그러나 붉은 물체가 갑자기 존재하지 않게 되더라도 빨강이라는
성질은 존재할 수 있다. 왜냐하면 이미 빨강은 예시화되었기 때문이다.
** 원동자는 모든 사상이나 변화의 최초의 원인을 뜻하는 아리스토텔레스의
철학 용어이다. 아리스토텔레스는 『형이상학』 12권 6장에서 원동자를
"운동하지 않으면서 운동을 낳는 어떤 것, 영원하고 실체이며 현실적인
것"이라고 규정한다. 아리스토텔레스의 이 개념은 초기 그리스 사회 이전의
철학자들에 대한 우주론적 추측에 그 뿌리를 두고 있으며 영원한 실체를
가정하는 플라톤의 이데아론에 반하는 것이다. 아리스토텔레스가 보기에
질료는 현실적인 작용을 원리로 가질 수 없으며 본성상 이럴 수도 저럴
수도 있는 가능성의 원리이기 때문이다.

연구, 존재론적 범주의 형성에 관한 발달심리학자의 연구, 기술적 행동의 스키마에 관한 영장류학자와 선사학자의 연구, 또는 생물군집의 진화에 관한 생물지리학자의 연구는 비인간을 이해하고 비인간과 상호작용하는 방법에 대한 많은 귀중한 교훈을 제공한다.

    요컨대 내가 집념하는 자연과 문화의 대립에 대한 비판은 자연적 대상과 사회적 존재의 관계성을 다루기 위해 사용된 개념적 도구의 광범위한 재작업을 시사한다. 이 대립이 수다한 비근대적 사회에서 존재하지 않는다는 것, 또는 서구 사상의 발전 과정에서 뒤늦게 나타난다는 것을 보여주는 것만으로는 충분치 않다. 근대 세계의 자연주의(naturalism)는 시간적으로나 공간적으로 동떨어진 문화를 판단하는 기준을 구성하기는커녕 세계와 타자의 객관화를 지배하는 더욱 일반적인 스키마의 가능한 표현 중 하나일 뿐이다. 자연주의는 그러한 새로운 분석적 장에 통합할 필요가 있다. 메를로퐁티의 공식을 빌리자면, 인간은 수많은 '연관체(associated bodies)'의 존재에 직면하여 한정된 수의 사회적 공식에 따라 이러한 개체와의 지속적인 관계를 조직하고자 고군분투해왔다. 이것[이 작업]은 존재론적 경계의 위치선정에 관한 첫 번째 선택과 그에 따른 우주론적 구조를 포함한다. 동일한 사교성(sociability)의 영역에서 다뤄지는 인간과 비인간 간의 연속성[애니미즘], 유비적 속성을 통한 자연적 대상의 사회적 분류법으로의 이해[토테미즘], 각기 떨어진 대우주의 요소와 소우주의 요소 간의 상호 유사성과 작용[유추주의], 인간의 영역과 그외 세계와의 분리[자연주의] 등등. 두 번째로 그것은 인간이거나 비인간인 '타자'와의 실천적 관계를 지향하는 가치체계를 포함하는데, 여기서 그 가치체계가 지역에서 지배적인 위치에 있을 때 사회에 그 독특한 스타일을 부여한다. 호혜성에 대한 기대, 약탈적 전용, 무심한 증여, 보호, 생산 등등. 마지막으로 그것은 세계의 요소를 다소 광범위한 명명법으로 분배하기 위한 분류화의 장치를 포함한다. 세계의 구성요소와의 관계를 정의하기 위해 인류가 이용할 수 있는 모든 스키마는 정신 구조의 형태로 존재하며 그중 일부는 선천적이고 일부는 사회생활의 속성에서 유래한다고 추측할 수 있다. 그러나 이 구조가 모두 서로와 양립할 수는 없으므로, 모든 문화 시스템 그리고 사회적 조직화의 각 유형은 비록 우발적이지만 역사 속에서 종종 비슷한 결과와 함께 반복되는 여과 및 분류와 조합의 산물이다. 이 요소들의 성질을 명시하고 그 구성의 규칙을 해명하고 그 배열의 유형학을 작성하는 것, 이것이 바로 인류학이 최우선으로 삼아야 하는 과제이다.

대담*

횡단하는 우주론과 혼의 윤리학

아마존에서 배우다: '자연'이 없는 부족의 세계

콘   이 얘기를 전에 했는지 모르겠는데, 대학원생 시절 운 좋게 아추아르(Achuar)를 방문한 적이 있습니다. 단기간으로 두어 번 카파위 생태숙소 및 보호구역(Kapawi Ecolodge and Reserve)에서 '자연주의 안내자'라는 직함을 달고 일했지요.

데스콜라   나도 카파위에서 지낸 적이 있어요. 하지만 카파위가 생태숙소로 변모하기 훨씬 오래전 일이지요. 그곳은 아추아르 족의 영토 한가운데에 있습니다. 지금 그곳에서 일하는 아추아르 사람 중에는 나와 친분이 꽤 깊은 이들도 있어요.

---

*   필리프 데스콜라와 에두아르도 콘의 대담. 대담 출처는 다음과 같다. Kohn, Eduardo. 2009. "A Conversation with Philippe Descola." *Tipití: Journal of the Society for the Anthropology of Lowland South America*. 7(2). Article 1.

콘   아추아르 족 가옥 안에 들어서서 한 남자가 장전된 산탄총을 무릎 위에 올려놓은 채 손님을 맞이하는 모습을 본다거나, 계속되는 반목과 불화로 인해 요새화된 집을 방문한다거나, 최근까지 남성 결사조직의 아지트로 쓰인 피난처를 숲 한가운데서 우연히 발견한다거나 하는 일들은 정말로 놀라웠습니다. 이 모든 것들은 당신의 글에서 읽은 그대로였습니다. 돌아오는 길에 지역 토착민의 민족정치조직의 지도자인 도밍고 피스(Domingo Peas)라는 남자를 만났는데, 그는 글을 읽을 줄도 자신의 의견을 명확하게 표현할 줄도 알고 아추아르 세계에서 상당한 영향력을 가진 사람이었어요. 여하간 그는 당신의 책을 읽었고 당신이야말로 이곳 세상의 돌아가는 이치를 제대로 이해한 유일한 외부자라고 하면서, 이렇게 말하더군요. "알잖나, 그는 진짜배기야." 내 생각에 이 말은 엄청난 칭찬입니다.

데스콜라   그랬다니 정말 기쁩니다. 앤크리스틴*과 나는 벌써 10년 가까이 아추아르에 가보질 못했지만, 그곳

---

*   인류학자 앤크리스틴 테일러(Anne-Christine taylor, 1946~)는 아추아르 족을 비롯한 여러 민족지적 연구를 수행했으며 그에 관한 수많은 저서를 출간하였다. 파리의 케 브랑리 국립박물관에서 연구와 교육을 담당했으며 프랑스 국립과학연구센터에서 연구책임자로 재직했다. 데스콜라의 아내이다.

사람들과 지냈을 때는 하루하루가 즐거웠습니다. 사적인 이유에서지만 근황을 알기 위해 또 친구들을 만나기 위해 지금이라도 당장 달려가고 싶습니다. 나는 현재 매우 다른 일을 하고 있습니다. 내가 진짜 아메리카니스트인지 나 자신도 모를 정도로요.

콘 확실히 당신의 인류학적 시야는 어느 한 지리적 영역에 한정되지 않습니다. 그러나 나는 당신의 삶과 연구가 여전히 아추아르와의 긴밀한 관계에서 얻은 깊은 민족지적 통찰에 기초하고 있다고 생각합니다. 당신도 그리 말하지 않았습니까?

데스콜라 물론입니다. 나는 인류학자가 항상 민족지학자 이상의 일을 한다고 생각합니다. 즉 우리는 사회생활의 일반적 속성을 이해하려고 애씁니다. 그러나 우리는 또한 우리 자신의 세계 경험에서 얻은 경이로운 것들을 저 과업에 얹어놓습니다. 이 신선함은 현장연구에서 얻은 것이지요. 사람들은 말합니다. 철학은 당신의 경이로움, 다시 말해 세상을 향한 당신의 천진함을 확장하는 것을 목표로 한다고요. 그러나 내 생각에 이것은 인류학에 대해서도 마찬가지라고, 어쩌면 더할지도 모른다고 말할 수 있습니다. 내가 현장연구가 끝난 후에 스스로 되물은 대부분의 인류학적 질문들은 최초의 경험에서 나온 것들이었습니다. 한편 또 다른 차원이 있습니다. 인류학자가 적어도 맨 처음에 다루는 사회 개념은 그가 연구한 사회가 아니라 그 자신의 사회와 그가 연구한 사회 간의 대조에 매우 강하게 연결되어 있습니다. 이것은 일종의 긴장감, 즉 역동성을 발휘하여 사람들의 집단이 무엇인지에 관한 특정 개념을 견지할 수 있게 합니다.

다시 처음으로 되돌아가서 아추아르 족과 함께 형성된 나의 경험에 관해 이야기하자면, 알다시피 나는 사회와 그 환경의 관계를 연구한다는 매우 범속한 생각을 가지고 현지에 들어갔습니다. 그리고 사람들이 이런 부류의 것들을 연구하고자 할 때 흔히 하는 조사를 했습니다. 그런데 내가 정말로 감탄한 것은 아추아르 족이 인간과 비인간 사이의 불연속성을 확실히 인식하고 있지만 이 불연속성이 우리 자신의 것과 근본적으로 다르다는 것이었고, 이것은 내게 큰 깨달음을 주었습니다. 이 놀라움은 어느 정도 예상한 바였지만, 예상치 못한 바이기도 했습니다. 조금이나마 예상할 수 있었던 것은 남아메리카 민족지뿐만 아니라 타일러, 프레이저, 뒤르켐 등 이 분야의 선구자들의 연구가 '인간과 비인간을 구별하지 않는 것처럼 보이는 사람들이 있다'라는 이 기이한 스캔들을 해결하기 위해 온 힘을 쏟았다는 것을 익히 알고 있었기 때문입니다. 그래서 나는 그것을 찾을 준비를 했습니다. 당시의 언어로 표현하면 '표상'의

수준에서, 삶에 관한 사고방식의 수준에서 그것을
찾을 준비가 되어있었던 것이지요. 그러나 사람들이
실제로 어떻게 이 관념과 함께 살아가며 어떻게
그것을 실천으로 옮기는지 혹은 이 방식에서 진정
세계를 어떻게 경험하는지를 이해할 방법이 내게는
없었습니다. 그리고 다음을 발견합니다. 그래!
사람들은 말만 그렇게 하지 않아! 그들이 자연과
사회를 구별하지 않는다는 사실은 그들의 삶 전체를
휘감고 있었습니다. 그리고 이것이 내가 그 이후로
해온 모든 것의 출발점이었습니다.

콘 그렇군요. 자연이 존재하지 않는 세계에 실제로 와
있다는 충격을 받은 거군요.

데스콜라 바로 그겁니다! 당신에게는 너무나 현실적인 것이
당신과 함께 사는 사람들에게는 존재하지 않는다는
겁니다. 맞죠?

서구 세계를 겨냥하다: '자연'이라는 구성물의 폐해

콘 한마디로 이것은 당신의 연구 이력을 관통하는
질문입니다. '자연'이라는 우리의 구성물을 어떻게
다룰 것인가? 다른 많은 것들과 마찬가지로
명백히 하나의 구성물이지만 너무나 '자연적'인

탓에 그처럼 우리에게 보이지 않습니다. 그래서 콜레주드프랑스에서 당신의 직함이 '자연의 인류학 석좌교수(Chair of the Anthropology of Nature)'라는 것이 굉장히 도발적이라고 생각합니다.

데스콜라 네, 직함의 이름을 이렇게 지은 이유는 모순어법이 지적 호기심을 극도로 자극하기 때문입니다.

콘 맞습니다. 당신의 최신 저서(『자연과 문화를 넘어서 *Par-delà Nature et Culture*』, 2005)에서 언급한 '인간적 자연(human nature)'처럼요.

데스콜라 일련의 질문에 관한 탐구를 시작하는 데 모순어법만큼 좋은 방법은 없습니다. 그러니까 이것이 제가 특별히 이 직함을 선택한 이유겠죠. (웃음) 내 친구인 브뤼노 라투르가 말해주었듯이 놀랍게도 내가 선출될 당시 콜레주드프랑스의 내 동료들은 겉으로 보기에는 음, 뭐라고 표현해야 할까요…. 적어도 저 직함이 내포하는 사회과학에 대한 혁명적이랄까, 아니 적어도 역설적인 태도를 잘 몰랐습니다.

콘 사회과학 분야의 동료를 말하는 건가요? 아니면 자연과학 분야의 동료까지도 말하는 건가요?

데스콜라 자연과학 분야까지도 포함합니다. 운이 참 좋았던 것이 자연과학자이자 신경생물학자인 장피에르 샹제(Jean-Pierre Changeux)*, 그리고 또 사회과학자이자 민족사학자인 나단 바이텔(Nathan Wachtel)**의 추천을 받아 콜레주드프랑스의 교수로 임명되었습니다…. 음, 이야기가 복잡합니다. 매우 기묘한 이 기관의 운영에 관해 설명하려면 몇 시간이 걸릴지 모릅니다. 여하간 나는 자연과학자 동료들이 인지 영역 전반에서 무엇을 하는지에 매우 관심이 많습니다.

콘 저도 당신의 최근 저서를 보고 그런 줄 알았습니다. 그러니까 당신은 인류학자들이 스키마라고 부르는 것을 신경과학의 몇몇 최신 연구들과 연결하는 것이고, 또 자아와 타자를 내면성(intériorité)과 신체성(physicalité)의 몇몇 조합의 관점에서 인식하는 범인류적 인지 경향이 존재한다는 주장에 기반하여

---

* 장피에르 샹제(1936~)는 프랑스의 신경과학자이다. 1964년 파스퇴르 연구소에서 박사학위를 취득했다. 그 후 버클리 대학과 컬럼비아 대학에서 연구 활동을 했다. 1972년 파스퇴르 연구소 분자신경생물학부 소장으로 부임했고 1975년 콜레주드프랑스 교수직으로 임명되었다.

** 나단 바이텔(1935~)은 프랑스의 역사학자이자 인류학자이다. 그는 스페인어와 잉카어로 쓰인 문헌 자료를 바탕으로 페루의 역사를 연구해왔다. 1992년부터 2005년까지 콜레주드프랑스에서 중남미 사회와 역사와 인류학 석좌교수를 역임했다.

의견을 피력하는 것이지요. 이 주장은 많은 사회문화 인류학자들에게 매우 논쟁적으로 받아들여지고 있을 겁니다.

데스콜라 인류학자가 과학계에서 무슨 일이 일어나고 있는지 전혀 알지 못하는 것은 실수라고 생각합니다. 인지과학의 분야에서는 특히 그렇습니다. 낡은 지식을 바탕으로 어리석은 것들을 말하거나 쓰게 될 위험은 항상 존재합니다. 그러거니와 인류학이 확립한 기본적인 사실과 개념에 반하는 매우 어리석은 것들을 써 대는 저 영역의 사람들을 용인해주는 위험도 있습니다. 진화심리학의 경우가 여전히 매우 그렇다고 생각합니다.

콘 진화심리학은 진화생물학의 기본 교리에도 어긋납니다.

데스콜라 네, 맞습니다. 진화심리학 그리고 밈학까지도 사실을 폐기하기 때문에 과학적 허구인 겁니다. 그래서 나는 사람들이 이러한 인식의 문제들을 쉽게 생각하고 쉽게 이야기해서는 안 된다고 생각합니다. 사람들은 이 문제들을 잘 알아야 합니다.

자연과 문화를 넘어서다: 횡단하는 인류학

콘 네, 게다가 당신이 제안한 대로 만일 우리가 정말로 일원론적인 인류학을 수행하려면 나누고 분리하는 오래된 이원론적인 전략, 즉 "우리 인류학자는 사회를 다루고, 생물학자는 옳고 그르건 간에 그 외의 것들을 다루고, 우리는 그에 대해서는 걱정할 필요가 없다"라고 말하는 낡은 전략을 떠나보내야 합니다. 더는 버틸 수가 없는 겁니다. 내 말뜻은 진정으로 일원론적인 인류학을 하고자 한다면, 과학과 일종의 대화를 해야 한다는 겁니다.

데스콜라 바로 그겁니다.

콘 이 자리가 당신의 최신 저서인 『자연과 문화를 넘어서』(2005)를 보다 명확하게 논하는 좋은 기회가 되리라 생각합니다. 영어권의 인류학자들은 당신의 저서인 『자연의 사회에서 In the Society of Nature』(1994)와 『황혼의 창(槍) The Spears of Twilight』(1996)을 익히 알고 있습니다. 나의 연구 또한 『자연의 사회에서』에서 지대한 영향을 받았다고 말할 수밖에 없습니다. 『자연과 문화를 넘어서』는 이 두 저서의 확장판입니다. 당신은 서양의 이원론을 직시한 다음 우리가 우리 자신에게 파놓은 이원론의 함정에서 빠져나오는 길을 보여주려고 애씁니다. 그 속에서 당신은 상당 부분 아마존 연구자로서 이 주제와 관련한 통찰력을 발휘합니다. 그러면서도 당신의 작업은 아마존을 훨씬 뛰어넘습니다.

데스콜라   다행히도 나는 지난 몇 년간 작은 그룹의 친구들 그리고 매우 기민하고 날카로운 비평가들과 함께 아마존 자료에 대해 논할 수 있었습니다. 이들 가운데 에두아르두 비베이루스 지 카스트루(Eduardo Viveiros de Castro)도 있습니다. 그와 나는 브뤼노 라투르가 '토론회(disputatio)'라고 칭한 자리에서 공개 논쟁을 벌였습니다.* 이 논쟁은 우리가 20년에 걸쳐 파리, 케임브리지, 리우에서 계속해온 토론의 일부입니다. 내가 정말로 운이 좋았던 것은 이 과정에서 내 주장을 재조직하는 데 많은 도움을 받았다는 겁니다. 그리고 나를 정말 많이 도와준 또 다른 대화 상대는 브뤼노 라투르였습니다.

콘   당연하겠지요.

데스콜라   그는 내 친구입니다. 에두아르두와 마찬가지로 나는 어떤 점에서 그의 의견에 동의하지만, 중요한

---

*   Latour, Bruno. 2009. "Perspectivism: 'Type' or 'bomb'?" *Anthropology Today.* 25(2): 1-2.

지점에서 물론 우리는 일치하지 않으며, 그로 인해 내가 더 전진할 수 있었습니다. 팀 잉골드(Tim Ingold)는 세 번째로 중요한 대화 상대입니다. 나는 지난 몇 년간 그와 많은 대화를 나눴어요. 나는 그를 존경하지만, 그와 동시에 많은 점에서 그와 의견이 맞지 않습니다. 그래서 말하자면 나의 '스파링 상대'로서 나 자신을 견지하게 해주는 세 지점을 가지고 있다는 것이 천만다행이라 생각합니다. 지적인 노력과 과학적 탐구는 공적이든 사적이든 이러한 논쟁에서 매우 광범위하게 동력을 얻습니다.

콘 네, 그렇습니다. 어떤 종류의 생산적인 적대성이 있을 수 있고, 이것은 중요합니다.

데스콜라 물론입니다. 우리는 어떻게 나아가야 하는지에 대한 매우 기본적인 원칙을 공유해야 하며, 문제를 제기하는 특정 방식을 공유할 필요가 있습니다. 그러나 그 후에는 차이와 불일치가 나타납니다. 이 차이와 불일치가 진보의 원동력입니다.

콘 맞습니다. 나는 당신의 연구가 특히 에두아르두 비베이루스 지 카스트루와 브뤼노 라투르의 연구와 꽤 많이 연결되어 있다고 봅니다. 그리고 당신의 연구는 그들의 연구에 중요한 토대를 제공한다고 생각합니다. 라투르의 『우리는 결코 근대인이었던

적이 없다』(1993)는 비근대인이 인간과 비인간을
깔끔하게 분리하지 않는다는 어느 한 민족지적인
주장에 기반합니다.

데스콜라 네, 네, 물론 아추아르의 민족지겠죠. (웃음)

콘 그러니까 그것은 정말로 라투르의 논문 전체의
기초가 된다는 겁니다. 에두아르두에 대해서도
마찬가지고요.* 그의 다자연주의(multinaturalism)는
서양의 자연주의에 관한 당신의 애니미즘적 비평의
연장선에 있습니다. 물론 중요한 차이들이 있지만요.
이처럼 당신은 두 학자가 제기하는 핵심적인 주장의
중요한 토대를 제공했다고 나는 봅니다.

데스콜라 음, 차이는 있습니다. 차이점이 많습니다. 그중
하나는 브뤼노 라투르가 '토론회'의 발표에서 잘
이야기해주었듯이 내가 애니미즘을 다른 존재론들
가운데 하나의 존재론으로 받아들인다는 겁니다.
특권을 누려서도 안 되지만 폐기되어서도 안 되는
존재론으로 말이죠. 반면 에두아르두는 자연주의에
대항하는 일종의 개별적인 싸움에 참여하고

---

* Viveiros de Castro, Eduardo. 1998. "Cosmological Deixis and Amerindian Perspectivism." *Journal of the Royal Anthropological Institute. (N.S.)* 4: 469-488.

있고, 이 속에서 퍼스펙티브주의(perspectivism)는 그에게 아마존 버전의 퍼스펙티브주의를 훨씬 뛰어넘습니다. 그것은 각기 다른 부류의 존재들 사이의 비호혜적인 인식에 관한 설명을 뜻합니다. 비베이루스 지 카스트루에게 퍼스펙티브주의는 이제 그 이상을 넘어 지식에 관한 일종의 일반철학이 되었고, 그도 말하듯이 서양의 인식론 자체에 대한 폭발 장치로서 투하되기를 바랍니다. 그런데 내가 지금까지 흥미로워하고 정말로 나를 여전히 활기차게 하는 것은 민족지가 일반적으로 갖는 의미를 이해하려는 시도입니다. 사람들이 행하는 기묘한 방식을 파악하고 어떤 특질과 제도 사이의 적합성 및 비적합성을 이해하려는 것이지요. 그래서 통상의 인류학적 기획은 여전히 제게 매우 중요합니다. 에두아르두는 여기서 벗어나 있습니다. 그것은 이미 그의 우선적인 고려사항이 아닙니다. 그가 서양의 합리성과 인식론의 기반을 약화하려 한다는 의미에서 그의 우선순위는 정치적이고 인식론적인 것에 있습니다. 내가 보기에 그의 연구는 인류학적 프로그램보다 철학적 프로그램에 가깝습니다.

콘 네, 나 역시 에두아르두 비베이루스 지 카스트루의 관점에서 이 문제를 고민하고 있습니다. 내가 그의 연구를 처음 접한 것은 에콰도르의 아마존강 상류에 사는 키추아어(Quichua)를 말하는 루나(Runa) 족 사이에서 박사 논문을 위한 현장연구를 하면서였습니다. 앤크리스틴 테일러가 조직한 1997년 〈'자아'에 관한 아메리카니스트 회의〉에 패널로서 참여하기 위해 키토(Quito)에 갔는데, 그 자리에는 매우 재미있는 아메리카니스트 그룹 전체뿐만 아니라 에두아르두도 있었습니다. 나는 그를 보자마자 그가 아마존 사람들이 세상을 어떻게 보는지에 대해 경험적으로 무언가를 알고 있다는 것을 바로 알아차릴 수 있었습니다. 그의 연구를 통해 루나 족에서 민족지적으로 보이는 너무나 명백한 퍼스펙티브의 전환을 더욱 광범위한 무언가의 일부로서 이해하기 시작했습니다. 그래서 나는 다자연주의를 민족지적 실재로서, 특히 자연주의의 한 비평—그가 '다자연주의'라고 부르는 것의 한 비평—으로서 높이 평가합니다. 그러나 그것은 우리의 '자연'에 대한 간편하면서도 민족지적으로 숙고한 비평 그 이상이겠죠?

데스콜라   내 논점은 매우 간단합니다. 내가 팀 잉골드와 다르듯이 그와 똑같은 차이가 에두아르두와의 사이에도 있습니다. 나는 한 존재론이 다른 존재론보다 특권적이어야 한다고 생각하지 않습니다. 그것은 자민족중심주의를 뒤집어놓은 것과 마찬가지잖습니까? 아닌가요? 다자연주의는 일반적인 대조를 뒤집는다는 점에서 매우 흥미롭습니다. 그러나 그것이 더 적절한 대조라는 뜻은 아닙니다. 그러니까 그것이 다른 것보다 더 참된 대조는 아니라는 겁니다. 세계는 연속적이고 우리는 그 본질에 직접 접근할 수 없으며 현상에만 접근할 뿐입니다. 그리고 어떤 현상도 다른 현상보다 더 참되지 않습니다.

문화상대주의를 비판하다: 세계의 다양한 존재 양식

콘 이것은 나 자신의 연구에서 고심하는 또 다른 문제—존재론의 문제—뿐만 아니라 당신의 연구를 이해하고자 할 때 씨름하게 되는 문제로 이어집니다. 당신은 타자, 특히 비인간과 관계 맺는 네 가지 근본적인 방식을 병렬하고, 이것들을 '존재론들'이라고 부릅니다. 이것은 "인간이 존재에 부여하는 다양한 특성 체계"(Descola 2006: 139)를 뜻합니다. 이 존재론들은 사람들이 내면성(의도성 혹은 자아성)과 신체성(신체가 행동을 허용하는 방식)이라는 근본적인 성질을 세계의 존재들에게 귀속시키는 대조적인 방식에 따라 구분됩니다. 정리하자면, 당신이 식별하는 네 가지 양식은 1) 인간과 비인간이라는 각기 다르게 구현된 부류가 같은 내면성을 공유한다는 '애니미즘'이며, 이것은

아마존의 다자연주의에서 예시된다. 2) 인간과
비인간이 신체성을 공유하지만 오직 인간만이
내면성을 가지고 있다는 '자연주의'이며, 이것은
근대의 서양 과학에서 가장 잘 예시되는 양식이다.
3) 인간과 비인간의 특정 집단이 신체적 속성뿐만
아니라 내면성을 공유하기 때문에 결합한다는
'토테미즘'이며, 오스트레일리아 원주민에서
발견되는 양식이다. 4) 인간과 비인간이 파편화된
본질로 구성되어 있으며 그 관계의 본질이 다른
개체들이 소유한 상동적으로 연결된 본질들과
연관될 수 있다는 '유추주의'이며, 이것은 당신이
주목하듯이 고대 잉카 국가가 예시하는 양식이다.
그래서 우리는 보통 사회조직이나 문화 등에서부터
분석을 시작해서 이것들이 경험을 어떻게
구조화하는지를 찾아보려고 하지만, 당신은 "더 깊은
무언가가 있다"라고 말합니다. 경험을 알려줄 수
있는 네 가지 양식 중에서 애니미즘과 자연주의는
우리에게 가장 친숙한 것들이고요.

데스콜라   아마존 연구자들에게는 적어도 그렇습니다.

콘   네, 아마존 연구자들에게는 그렇죠. 나는 당신의
접근법에 내포된 문화상대주의 비판을 매우 높이
평가하고 있습니다. 상대주의자는 자연의 존재론을
전제하고 그다음 문화라든지 '표상'이라든지

무언가를 상정합니다. 이런 식으로 그나 그녀는 문화들 사이의 차이를 비교합니다. 그러나 당신은 "먼저 우리는 자연 그 자체가 존재하는지 아닌지를 물어봐야 한다"라고 말합니다. 문화가 더 이상 변수가 아닌 것은 자연이 더 이상 안정적이지 않기 때문입니다. 당신의 연구는 더 깊이 파고든다는 점에서 높이 평가할 만합니다.

데스콜라 실은 매우 단순한 사고입니다. 어떤 의미에서 흄에 가깝습니다. 아닌가요? 세계는 질적으로 구성되어 있다는 뜻입니다. 나는 일차적 특질과 이차적 특질의 구별에 별 관심이 없습니다. 관심이 있는 것은 이 책에서 스케치한 매우 기본적인 전제조건에 따라서 대개가 몇몇 특질을 끌어내거나 몇몇 대조를 명시적으로 나타낼 수 있다는 겁니다. 그러나 이중 몇몇은 우리가 자라온 사회적 맥락으로 인해 차단되어—억제되어—있습니다. 즉, 주어진 맥락에서 안정적인 추론의 형식은 단 하나뿐이고 현실을 인식하고 행동으로 옮기는 스키나를 제공할 수 있는 형식 역시 단 하나뿐입니다. 그러니까 이것은 사람들이 각기 다른 세상에 산다는 것을 의미하지 않습니다. 그것은 부분적으로 차단된 세계 속에서 특정한 생활 방식이 있다는 겁니다. 세계를 지각하고 행동으로 옮기는 주체와 세계 자체의 특수한 물리적 속성 사이의 상호작용을

통해 그러한 특질들이 나타납니다. 이것은 표상도
아니고 구성물도 아닙니다. 이것은 세상의 특질,
특히 내가 내면성과 신체성이라고 부르는 것에 관해
제기되는 기본적인 전제조건에 따라 선호되거나
차단되거나 억제되는 어떤 그어진 선에 대한 성질의
현실화입니다. 내면성과 신체성을 병렬적으로 놓고
가중치를 부여하는 다양한 방식은 네 존재론 각각에
특징적인 속성을 부여합니다. 이 선들과 관련해서
알다시피 철학자 미셸 세르(Michel Serres)*는 내가
분리한 네 존재론을 탐구한 책을 최근 출간했습니다.

콘   오, 정말입니까? 기대됩니다. 책 제목이 뭔가요?

데스콜라 제목이 매우 깁니다. 『세계를 여행하는 작가, 학자,
그리고 철학자 *Écrivains, savants et philosophes
font le tour du monde*』(2009)입니다. 그리고 그가
스탠퍼드에서 이에 대해 여러 세미나를 열었다고
누군가 내게 분명히 이야기해주었어요. 그는 서구
세계에 있는 몇몇 철학자와 작가와 예술가를

---

*   미셸 세르(1930~2019)는 프랑스의 철학자이자 작가이다. 1949년 프랑스
해군학교에 입학하여 철학을 수학했다. 1968년 파리대학에서 박사학위를
받은 후 1969년 파리 1대학에서 강의를 시작했다. 그는 근대의 자연과학에
주어진 특권을 해제하고 '과학적 설명의 다양화'를 추구하는 과학철학에
관심이 있었다. 그의 이러한 사상은 브뤼노 라투르에게 많은 영향을 주었다.
만년에는 디지털에 걸맞는 새로운 정치철학을 예견했다.

선정해서 그들 중에 누구는 토테미즘이 얼마나 강하며 또 누구는 유추주의가 얼마나 강한지를 살펴봅니다. 이 시도는 흥미롭습니다. 그리고 이것은 예술이나 성찰적 사유 또는 철학이 어느 정도 자유를 누리는 데 따른 매우 자연스러운 결과입니다. 사유의 자유는 우리가 태어난 곳을 떠나서 다른 존재론에 발을 들일 가능성을 제공합니다. 그래서 이런 점에서 예를 들어 라이프니츠가 여러 측면에서 유추주의자(analogist)라는 것은 명백합니다. 그 외에도 예를 들라면 들 수 있어요.

콘 맞습니다. 이 존재론적인 양식들은 맥락에 묶여있지만은 않습니다. 그것들은 옮겨 다닐 수 있습니다. 일종의 샤머니즘과 같은 것이죠. 그러니까 아마존 사람들은 다양한 종류의 신체에 살게 되기도 하고 이것은 곧 세계의 다양한 존재 방식이 가능하다는 것을 뜻합니다. 그렇죠?

데스콜라 네.

콘 어쩌면 이것은 일종의 지적 샤머니즘일 수 있습니다. 이 존재론들이 모든 것을 포괄하는 사회적 영역으로 환원될 수 없다는 바로 이 이유로 인해 가능한 존재 방식들 사이를 여행하는 하나의 형식으로서 말이죠.

데스콜라 맞습니다. 정확히는 문화, 세계관 같은 것들로 환원될 수 없습니다. 그것이 제가 말하고자 하는 바입니다. 그렇지만 책을 쓰면 뭐를 쓰든지 간에 유용될 수 있고 쓴 자의 의도에서 벗어날 수 있으며 책 나름의 삶을 얻을 수 있다는 것을 알게 됩니다. (웃음) 그래서 자신이 쓴 것에 대한 세간의 오해와 맞서 싸우는 것은 매우 어렵습니다. 그러나 여전히 내가 맞서려는 내 연구작업에 대한 오해 중 하나는 내가 이 책에서 한 것이 인류학에 사회를 분류하는 하나의 방법을 제공했다고 하는 생각인데, 이것은 내가 의도한 바가 전혀 아닙니다. 나는 내 프로젝트를 일종의 실험 기계로 보며, 이 기계를 통해 어떤 종류의 현상을 포착할 수 있고, 물론 그러한 현상을 어떻게 설명할 수 있는지 이해하는 데에 도움이 되는 틀 내에서 구조화할 수 있습니다. 그리고 이 기계는 어떤 것들의 결합은 허용하면서도 다른 것들의 결합은 허용하지 않는 특정한 기본원리를 이해하게 해줍니다. 나는 분류하는 것보다 연속체에서 나타나는 것들 사이에서 기본적인 차이를 발견하려는 것이 매우 흥미롭습니다. 당신도 알다시피 나는 최근 몇 년간 이미지 연구를 해왔습니다. 그리고 지금 그에 관한 책을 준비하고 있습니다.

콘 정말요?

데스콜라   그리고 이 네 가지 존재론이 형상과 이미지를
         이해하는 데에 많은 도움이 된다는 것을 알게
         되었습니다. 예를 들어 특정 이미지가 어떤 곳에서는
         만들어지고 다른 곳에서는 만들어지지 않는 이유를
         설명해줄 수 있습니다.

콘   흥미진진합니다. 그러니까 이 존재론의 양식들은
         인류학을 넘어 분석적으로도 활용될 수 있다는
         거군요.

데스콜라   바로 그겁니다.

근대와 비근대를 넘어서: 호환 가능한 존재론

콘   잠시 존재론에 관한 질문으로 되돌아가겠습니다.
         나는 여전히 존재론이 의미하는 바가 무엇인지를
         나의 연구작업 속에서 고민합니다. 내가 쓰고 있는
         책에서도 당신과 마찬가지로 이원론의 문제와
         자연을 가장 잘 이해하는 방법에 관한 질문을
         다루려고 합니다. 루나 족이 숲에 사는 수많은
         부류의 존재들과 관계하는 방식에 관한 연구를
         통해 우리의 거의 모든 분석 방식에 스며있는
         암묵적인 이원론에서 벗어날 방법을 모색하고
         있습니다. 존재론에 관한 이 질문은 이렇게 물을

수도 있습니다. 당신은 존재론의 네 가지 양식에 대해 역사적 주장을 하지는 않습니다. 만약 이것들이 문화적 양식이라면, 전 지구에 퍼져 있다는 것을 설명하기 위해 전파주의를 주장할 수도 있습니다. 그렇죠? 예를 들어 "아한대 지방(sub-arctic) 사람들은 아마존 사람들과 역사적으로 관계가 있고, 그러므로 그들은 어떤 존재 방식을 공유한다"라고 사람들은 말합니다. 이것은 문화적인 설명입니다. 당신은 확실히 이런 식으로도 접근하지 않습니다. 그렇지만 이 존재 양식들이 특정한 방식으로 세계의 지도를 만들어낸다는 사실을 당신은 어떻게 설명하렵니까? 왜 존재 양식은 네 가지이어야 하는가? 그 이상이면 안 되는 이유라도 있는가? 왜 아마존에서는 애니미즘이 많은가?

데스콜라 (웃음) 음, 내 생각에는… 내가 존재론들을 '어딘가의 섬들'로 지칭한 것은 그것들이 바로 공간적으로 불연속적임을 강조하기 위한 것입니다. 그것들은 현실에서는 생각하지 않는 전제조건의 실현과 채택을 되새겨보게 합니다. 마침 기본적인 선택이라고 말하려던 참이었는데, 물론 여기서 선택은 우리가 기술적 선택을 논한다는 것과는 전혀 다른 의미입니다. 하지만 어떤 시스템이 다른 시스템보다 실현되기에 유리한 물질적 조건이라는 것이 과연 존재하는가? 나는 반대로 생각하게

됩니다. 특정 경로, 특정 옵션은 이 존재론의
실현으로 인해 주어지는 것입니다. 이것은 우리가
특정한 사회구성체와 기술적 선택까지도 하게 되는
이유입니다. 존재론을 결정하는 것은 사회나 기술이
아닙니다. 그 반대입니다.

콘   알겠습니다.

데스콜라   물론 이것들은 항상 순수한 상태에서만 발견되지
않습니다. 어떤 존재론은 변화해왔고 다른
시스템을 향해 진화해왔습니다. 아메리카, 특히
남아메리카에서 볼 수 있듯이, 광대한 지역에서
존재론은 잡종 상태에 있습니다. 고지대의
유추주의 세계와 저지대의 애니미즘 세계는
뚜렷하게 대비됩니다. 그런데 안데스산맥 기슭을
따라 콜롬비아를 가로질러 뻗어 있는 북서쪽의
호(弧)가 있고, 거기에 『남아메리카 인디언 편람
Handbook of South American Indians』에 "카리브해
주변 부족"이라고 소개되는 사람들이 있습니다.
아닌가요?

콘   있습니다.

데스콜라   거기는 혼합되어 있어요. 어떤 측면에서는
확실히 애니미즘적이고 다른 측면에서는 확실히

유추주의적이에요. 아마존 북서부 지역의 위토토 족(Witoto)과 보라 족(Bora)과 같은 사람들에서 매우 분명하게 보입니다. 내 생각에 이는 매우 흥미로운 사례입니다. 왜냐하면 존재론의 양식들이 다른 것들로 전환되기 전에 어떤 것들과 어느 정도로 결합할 수 있는지를 보여주기 때문입니다. 동남아시아에서도 이와 똑같은 유형을 찾아낼 수 있을 것으로 생각합니다. 예를 들어 베트남의 고지대에 사는 사람들은 베트남의 주요 종족과 크게 다를 겁니다. 그리고 이것은 말레이시아에서도 마찬가지라고 말할 수 있습니다. 물론 이 민족들의 평화로운 공존은 각각의 특질이 정착되었음을 의미합니다. 특질이 옮겨와서 정착되었다는 것은 기존 존재론의 구조와 그에 수반된 모든 것과 호환 가능하다는 것을 뜻합니다.

콘 맞습니다. 잠시 아마존의 존재론 양식으로 되돌아가 보겠습니다. 나는 애니미즘을 다시 고찰하게 하는 당신의 모든 연구작업이 너무나 소중하고 감사합니다. 그런데 여기서 의문 하나가 생깁니다. 우리가 '자연은 존재하지 않는다'라는 아추아르 족의 주장을 진지하게 받아들이는 것처럼, '동물에게 혼이 있다'라는 아마존에 마찬가지로 널리 퍼져 있는 관념을 진지하게 받아들인다면 어찌 되나요? 바꿔 말해 다양한 사람들이 동물에 이 속성을 부여하든 말든 상관없이, 동물에게 혼이 있게 되는 걸까요?

데스콜라 알다시피 나는 학술적으로 고매하지 않은 일반 대중을 상대로 강연을 합니다. 그런데 그들은 내 강연에서 전혀 놀라지 않습니다. 그들은 이렇게 말합니다. "동물이 혼을 가지고 있다는 게 뭐 대수겠어요? 내 장미 덤불도 혼을 가지고 있다고요!" 멋진 이분들은 작은 할머님들이랍니다. (웃음) 그러니까 어떤 면에서 이 관념은 완벽하게 받아들여져 있고, 내 강연에서 극적인 결과가 도출되지는 않습니다. 어떤 종류의 내면성 또는 의도성이 가령 비인간의 영역에 있을지도 모른다는 생각은 세계 어디서나 흔한 가정입니다.

콘 '활기(animacy)는 인간 너머에 존재한다'라는 것도 세상의 이치와 일치합니다.

데스콜라 그런데 이것이 암시하는 결과를 심각하게 받아들이는 사람들이 있다면, 경시하려는 사람들도 있습니다. 우리 존재론에서 사람들은 그 결과를 경시해왔습니다. 그렇다고 해서 사람들이 비인간의 내적인 상태에 관해 추론할 수 있고 또 비인간과 소통하거나 공감하는 어떤 형식을 가능하게 하는 몇몇 기질이나 성질을 비인간에서 인지할 수 없지는 않습니다. 그러나 오직 애니미즘 사회들만

저 방식으로 비인간을 활기 있는 존재로서 다룬 모든 결과를 탐구해왔다는 점에서 그것을 진지하게 받아들여왔다고 말할 수 있습니다. 그것을 정당한 것으로 인정하고 또 그로부터 비롯된 결과를 탐구하고 정교하게 다듬었던 것이지요. 다른 상황에 놓인 그 외의 경우에서는 이와 같지 않습니다. 오스트레일리아 원주민은 이러한 관점에서 생각하지 않습니다. 하지만 그들이 동물과 관계 맺을 수 없다는 것을 의미하지 않습니다. 다만 그들은 그것을 경시하고 억제했을 뿐입니다. '동물은 혼을 가지고 있다'라고 말하는 것은 옳고 그름의 문제가 아닙니다. 그것은 단지… 존재론적 맥락에 따라 선호되거나 억제되는 보편적 추론이 있다는 것뿐입니다.

콘   맞아요, 맞습니다. 그래서 이런 의문이 떠오릅니다. 아마존강 유역과 같은 곳이 어떤 상황적 조건이길래 이러한 종류의 추론이 입증되고 확대되는가?

데스콜라   그러게요. 이 관념을 유지하고 강화하는 데에서 경험적 근거를 제공하는 것은 사냥인 것 같습니다.

콘   그렇죠!

데스콜라   설명이 되지 않습니다만. 오스트레일리아에서도 사냥이 있거든요. 하지만 사냥의 기본은 먹잇감의 입장이 되어보는 것입니다. 세계 어디서든 사냥하는 누구나 이렇게 말할 겁니다. 그래서 내 생각에 입장 바꿔 생각해보는 이 능력은 퍼스펙티브주의의 기본입니다. 적어도 이것은 퍼스펙티브주의의 거대한 현상학적 토대입니다. 그러나 질문은 왜 아마존 사람들이 이것을 발전시켜왔는가가 아니고 왜 다른 사람들이 이로부터 멀어져왔는가가 되어야 합니다.

콘 그러니까 당신이 관심 가지는 것은 애니미즘의 사냥꾼이 아니라 애니미즘이 아닌 곳에서의 모든 사냥꾼이라는 것이죠.

데스콜라 그래요. 애니미즘을 위한 현상학적 토대가 충분하지는 않아도 곳곳에 있습니다. 단지 사냥이 더 많은 증거를 제공할 뿐입니다. 사냥은 사태를 분명하게 만듭니다. 아닌가요? 그러나 충분하지는 않습니다.

인간과 비인간을 넘어서: 혼의 윤리학

콘 그래서 동물들은 혼이 있을까요?

데스콜라　혼의 문제는 좀….

콘　'혼'은 매우 의미심장한 말입니다. 내가 말하려는 바는 만약 다른 부류의 존재들이 진정으로 활기 있고—이것이 내 생각에는 비인간의 혼이 가지는 지위에 관한 이 문제가 파악하려는 것인데— 또 우리가 이 사실에 근거해서 그들과 관계하고 있다면, 그들에 대한 관여의 조건은 그들에게 속성을 부여하는 우리의 다양한 양식에 의해 설정될 뿐만 아니라, 다른 부류의 존재들이 다양한 방식으로, 우리에게 중요한—필요한—방식으로 우리를 본다는 사실에 의해 설정될 것입니다. 이 점은 내가 에두아르두—애니미즘에 특권을 부여한 그의 초기에 한정해서—에 동의하는 바인데, 인류학의 관건을 틀어쥐고 방법론을 갈아치웠습니다. 애니미즘은 우리 인간만이 세계를 아는 유일한 이들이 아니라는 사실을 맞닥뜨리게 합니다. 그러므로 모든 인간 과학을 뒷받침하며 인간 과학과 자연과학의 구분 근거가 되는 우리의 인간중심의 분석은 세계를 알고 세계에 존재하는 다른 방식에 인간이 얼마나 열려있는지를 보여주도록 제고되어야 합니다. 나는 이것이 애니미즘과 비인간 '혼들'이 왜 그토록 중요한지를 말해준다고 봅니다.

데스콜라　혼은 뜻이 깊습니다.

콘　　　　물론이지요.

데스콜라　알다시피 아리스토텔레스를 비롯하여 18세기까지 유럽을 통틀어 철학적 전통에서 여러 종류의 혼이 이야기되기는 했습니다. 동물도 어떤 종류의 혼을 가지고 있었어요. 인간과는 달랐지만 말이죠. 그래서 우리가 혼을 아마존 사람들의 감각에서, 즉 불특정한 것들과 소통하고 주체로서 세상을 보는 능력이라고 받아들인다면 누구라도 이것을 인정할 수 있다고 생각합니다. 그런 의미에서 혼을 받아들인다면 말이죠. 네, 나는 그래야 한다고 생각합니다.

콘　　　　그 반대가 더 흥미로울 것 같은데요? 어떻게 동물을 기계라고 주장하는 사람이 있을 수 있을까요? 이 질문이 더 흥미롭습니다.

데스콜라　네, 더 흥미로운 질문입니다. 반직관적이기 때문이에요. 동물이 기계라고 말하는 것은 직관에 어긋납니다. [동물-기계설은] 이 관점의 조성을 위해 동물의 특정 자질의 폐기를 함의하는 물리적 설명의 일반적인 과정의 일부이기도 합니다. 따라서 어떤 의미에서 자연주의는 아마도 생각하는 것 이상으로 더 기이하고 반직관적일 수 있습니다. 파스칼 보이어(Pascal Boyer)와 같은 사람들은 종교적인 관념의 반직관적인 본성을 주장했지만, 우리는

과학적 사고, 즉 합리적 사고의 비범할 정도로
반직관적인 차원을 충분히 고려하지 않습니다.

콘 정확히 말하면, 존재론의 다른 양식의 맥락에서 볼
때 우리에게 친숙한 자연주의가 약간 이상해 보이기
시작합니다.

데스콜라 알다시피 인류학은 매우 어려운 과학입니다.
우리가 절대로 일관적이지 않기 때문이에요. 우리는
인간입니다. 아닌가요? 우리는 끊임없이 입장을
바꿉니다. 바로 지금 나는 자연주의자이지만 내
고양이와 공감할 준비가 완벽하게 되어있으며, 소를
사육하고 도살하는 개탄스러운 상황을 꽤 잘 알고
있다는 사실에도 불구하고 육식에 어떤 의문도
느끼지 않습니다. 이처럼 아추아르의 사냥꾼들도
여러 존재론 사이를 옮겨 다닌다고 생각합니다.
만약 우리가 아마존 사람들을 애니미스트 혹은
퍼스펙티브주의자로 묘사한다면, 그것은 우리
자신과 가장 대조를 이루는 특정한 것들을
강조하기로 선택한 때문입니다. 우리는 그들을
'상점 주인'처럼 다룰 수 있고, 그것 또한 완전히
거짓은 아닐 겁니다. 수많은 경우에서 우리는 그들의
행동을 인격적 극대화의 어떤 형식으로 설명할 수도
있습니다. 그러니까 자영업자이지 않겠습니까?

콘 네, 합리적인 행위자군요.

데스콜라 합리적인 행위자, 이익의 극대화 등등. 이것이야말로 이 존재론들이 내게는 실험 기계라고 말한 이유입니다. 인류학 역시 저 측면에서 실험 기계입니다. 우리는 차이를 강조하기 위해 정보를 수집하고 선택합니다. 그러나 우리는 그 반대를 선택할 수도 있습니다. 그것이 물론 덜 흥미롭겠지만요.

콘 맞습니다. 당신의 지금 기획은 중요한 윤리적 차원을 가지고 있습니다. 어떤 종류의 윤리는 자연과 사회가 서로 단절되지 않는 일원론적 인류학에서 생깁니다. 보호할 자연이 사라지고 나면 어떤 환경주의가 가능할까요?

데스콜라 네. 자연을 그 외의 모든 것으로부터 분리한 후에는 어떤 결과가 따라오기 마련입니다. 근대 사회들(자본주의 사회는 물론이고 사회주의 사회와 후기 사회주의 사회까지)이 천연자원을 집어삼킨 남다른 탐욕은 자연주의의 부산물입니다. 그리고 우리가 비인간을 대하는 방식은 우리가 인간을 어떻게 대할지를 알려주는 좋은 지표입니다. 그런 의미에서 우리가 아직도 비인간을 물건이나 자원으로서 착취하고 있는 이 방식을 어떻게 개선할

것인가는 인간들 사이의 관계를 얼마나 변화시킬 수
있는가를 알려주는 좋은 지표가 될 것입니다. 그래서
나의 기획은 매우 일반적인 기획이라고 봅니다. 이런
것들은 분리되지 않아요. 사람들은 말합니다. 우리가
비인간을 어떻게 대할지를 진정으로 생각해볼
수 있다면, 그 전에 앞서 인권과 자유를 고민해야
한다고요. 그러나 나는 이 두 가지가 밀접하게
연관되어 있다고 봅니다.

콘 당연합니다. 특히 저 밖에 수많은 부류의 주체들이
존재한다는 관념을 진지하게 받아들인다면 더욱
그렇습니다. 우리의 분석 단위가 인간이라는
사회적 개체가 아니라 당신이 말한 대로
종(species)의 경계를 넘어 확장되는 '집합체'일 때
우리는 정의(justice)를 어떻게 사고해야 할까요?
비인간에까지 확장되는 윤리를 상상하는 일은
정말로 어려운 과제입니다. 당신은 자연주의를
비판해왔고, 그 결과 이에 대한 당신의 접근법은
부분적으로 다른 부류의 주체들에 대한 우리의
객관화를 가능한 한 제한하는 방법의 모색을
포함합니다. 물론 종의 경계를 가로지르는 수많은
관계는 살생을 중심으로 돌아가기 때문에, 이것을
완전히 달성한다는 것은 있을 수 없는 일이고 반드시
바람직하지도 않습니다.

데스콜라 어떤 점에서 내가 상대적 보편주의라고 부르는 것도 윤리의 한 형식입니다. 관계의 어떤 형식은 모두가 어쩌면 받아들일 수 있고, 관계의 다른 형식은 모두가 받아들이지 못할 수도 있습니다. 예를 들어 알도 레오폴드(Aldo Leopold)*나 베어드 캘리콧(J. Baird Callicott)**이 주창한 것과 같은 생태-중심적 윤리와 크게 다르지 않을 수 있습니다. 세계, 곧 생물권(生物圈, biosphere)은 용어의 가장 직접적인 의미에서도 그 이상의 광의로서도 연결망들의, 개체들의 거대한 결합입니다. 그리고 연결망을 교란하거나 파괴할 수 있는 엄청난 능력의 소유자인 저 개체들은 연결망을 지탱해야 할 가장 큰 책임을 지기도 합니다. 물론 이 책임은 인간에게 달려 있습니다. 그리고 나는 이것이 또한 많은 애니미즘 사회에서 매우 흔한 관념―저렇게 구체적인 형식을 띠지 않더라도―이라고 생각합니다.

콘 네.

---

* 알도 레오폴드(1887~1948)는 미국의 철학자, 산림학자, 환경론자이다. 위스콘신 대학의 농업경제학과 교수로 재직하면서 환경윤리의 발전과 야생동물보호 운동에 앞장섰다. 생물다양성과 생태학을 강조했으며 야생동물 관리학의 창시자이다.
** 존 베어드 캘리콧은 미국의 철학자이자 환경윤리학자이며, 현재 노스텍사스 대학 철학과 종교학 명예 교수이다.

데스콜라 그런데 문제는…. 장시간의 토론이 필요할지도 모르지만(웃음), 음, 인류의 역사가 보여주었다시피 어떤 의미에서 이미 결과를 알고 있다고 해도 행동의 결과를 사전에 충분히 생각하기란 매우 어렵다는 것 또한 맞는 말입니다. 몇 년 전 나는 슈아르 족(Shuar)* 연맹의 지도자들에게 소 사육에 관해 이야기한 적이 있습니다. 그때 나는 그것이 단기적으로는 현금을 얻게 해준다 해도 장기적으로는 생태적으로나 경제적으로 그다지 좋은 아이디어가 아님을 설득하려고 했습니다. 그들은 내 얘기를 귀담아들었지만, 돈을 벌어야 하고 토지의 권리를 확보해야 한다는 하루하루의 압박으로 인해 소를 선택할 수밖에 없었습니다. 그건 너무 어려웠어요. 그러니까 자신의 역사적 경험을 그러한 경험이 없는 사람들과 공유한다는 것은 매우 힘든 일입니다…. 살아가면서 실망하게 되는 것 중 하나입니다. 잘 안 되는 일이잖아요. 이런 일들을

---

* 슈아르 족에서 '슈아르'는 슈아르어로 사람이라는 뜻이다. 지바로 족의 일파로 에콰도르의 아마존 저지대의 열대 우림과 사바나 지역에 분포해 살고 있다. 슈아르 족은 죽인 적의 머리를 기술적 조작을 통해 작게 쪼그라트리는 풍습이 있었다. 슈아르 남자들은 '찬타(Tsantsa)'라고 불리는 이 작은 머리 안에 '무이삭(muisak)'이라는 희생자의 영혼이 있으며 무이삭을 통제함으로써 아내와 딸의 노동을 통제할 수 있다고 믿었다. '찬타'의 풍습은 유럽인들에게 이국적으로 비쳐 다양한 여행기에 소개되었다.

직접 경험해봐야 세상을 바꿀 수가 있습니다. 이런 일들을 직접 경험한 적이 없다면 조언조차 해줄 수 없습니다. 그래서 저 이유로 우리가 프랑스어로 말하면서 원주민 조직에 조언하거나 아니면 그들의 동료가 되려는 시도는 실망스러운 실패로 끝날 수밖에 없습니다.

콘 네. 이야기를 듣자니 생각나는 일이 있습니다. 이 일화를 끝으로 대담을 마무리 지을까 합니다. 당신이 말한 슈아르 족 연맹 지도자 중 한 사람과 그로부터 몇 년 후에 대화를 나누었습니다. 나는 퍼스펙티브주의에 관한 에두아르두의 견해를 그에게 설명하려고 했습니다. 그가 내게 완전히 답할 수 없는 질문을 던졌고, 이 질문은 퍼스펙티브주의에 관한 당신의 비판을 미리 보여준 것이 아닌가 합니다.* 재규어가 먹잇감의 피를 마니옥 맥주로 본다는 익숙한 퍼스펙티브의 이미지를 그에게 제시하자 그는 잠시 생각한 후에 이렇게 답했어요. "그래요, 그런데 백인 남자가 코카콜라를 마실 때 그는 그것을 뭐라고 본답니까?"

데스콜라 (웃음) 최곱니다!

---

* Descola, Philippe. 2005. *Par-delà nature et culture*. Paris: Gallimard, pp. 199-202.

콘 바로 당신이 말하는 것이잖아요. 애니미즘은 만연해 있습니다. 백인다움(whiteness)을 정의하는 것은 슈아르 사람이 마니옥 맥주와 관계하는 것과 똑같은 방식으로 혹은 재규어가 피와 관계하는 것과 마찬가지로 코카콜라와 관계하는 일종의 신체인 것입니다. 하지만 퍼스펙티브주의는 완전히 상호적이지 않습니다. 모든 방향에서 작동하는 것은 아니며 모든 상황에 적용되지도 않습니다. 여하간 이 전체 사업에 대한 슈아르 사람의 매우 심오한―애니미즘적인―응답이라고 생각했습니다.

데스콜라 대단히 훌륭한 답변입니다. 그것은 최상의 '민족지적 야성'입니다. (웃음)

옮긴이 후기

자연의 인류학과 관계의 생태학

1. 자연으로 향하는 인류학

2021년 4월 IPCC* 6차 평가 보고서에 따르면, 2030년 이전에 지구 기온이 산업화 이전(1850년) 대비 1.5°C 상승할 가능성이 거의 확실시된다. 보고서는 지구 기온이 1.5°C 상승하게 되면 폭염, 홍수, 가뭄 등의 재해가 현재 수준의 두 배에 달할 것이며, 2°C 상승하게 되면 북극해의 빙하가 완전히 녹아 해수면이 30~60cm 상승하고 해양 생물의 다양성의 근간인 산호초가 전부 사라질 것이라고 경고한다. 또 보고서는 현재 북극해, 남아시아, 중앙아메리카와 남아메리카, 사하라 이남 아프리카 등에 거주하는 세계 인구의 약 절반이 기후 변화에 매우 취약한 환경에 놓여 있다고 추정한다. 그러나 기후 변화로 인한 삶의 위기는 일부 지역에만 국한되지 않는다.

---

* IPCC는 기후 변화에 관한 정부 간 협의체(Intergovernmental Panel on Climate Change)의 약자로 유엔 산하 기구인 세계기상기구(WMO)와 유엔환경계획(UNEP)에 의해 1988년에 설립된 조직이다. 인간 활동에 의한 기후 변화의 위험을 평가하고 유엔기후변화협약 실행에 관한 보고서를 발행한다.

지구 공동의 운명에서 예외란 있을 수 없다. 실제로 2022년 여름 유럽과 중국이 500년 만이라는 최악의 가뭄과 홍수를 겪었다. 유엔을 비롯한 국제기구들은 기후 변화를 늦추기 위한 대응을 구체적으로 제시하고 있지만, '기후 불안증(Climate Anxiety)'*이라는 신조어가 말해주듯이 개개의 지엽적인 노력만으로 환경파괴에 의한 디스토피아적 전망을 장밋빛 미래로 바꾸기에는 역부족인 듯하다. 여전히 인류사회의 주류는 개발과 자본의 논리에 포획되어 있고 20세기의 기술문명은 온난화를 조장하는 탄소를 무한정 배출하고 있기 때문이다.

이렇듯 우리는 이상기후 현상, 동식물 대멸종, 인수공통 감염병 등 생태계의 파국적 불균형이 인류사회를 위협하고 있음을 날로 체감하면서도 기존의 사고방식과 실천적 관행에서 이 난관을 헤쳐갈 뚜렷한 방도를 찾지 못하고 있다. 그래서 현 상황을 진단하고 대안을 모색하기 위해서는 사고와 실천의 근본적 전환이 필요하다는 일각의 주장이 점차 힘을 얻는 듯하다. 바로 그 대표적인 논자가 필리프 데스콜라이다.

---

* '기후 불안증'은 지구 온난화나 이상기후 현상을 직간접적으로 경험한 후 인류의 미래를 비관하면서 만성적인 불안 혹은 우울감에 시달리는 증상을 말한다. 이 증상이 처음으로 언급된 것은 심리학자인 토마스 J. 도허티(Thomas J. Doherty)와 수잔 클레이튼(Susan Clayton)이 2011년 미국 심리학회지에 발표한 논문「지구적 기후 변화의 심리적 충격(The Psychological Impacts of Global Climate Change)」에서였다. 이후 2017년 미국 심리학회는 기후 불안증을 심리 치료가 필요한 불안증의 하나로 인정하였다.

데스콜라는 현 문제 상황의 근원으로서 근대유럽의 자연관, 즉 자연을 인간의 이익에 종속시키고 인간의 기술을 통한 개발의 대상으로 수단화하는 관념을 지목하고 그러한 인간중심적 자연관에서 벗어나 탈인간중심의 생태학적 관점에서 인간과 비인간 간의 새로운 관계 모델을 제시한다. 그는 20세기 인류학의 배경에서 '말없이' 있던 자연을 전면에 내세우는 문제의식의 개념적 전환을 통해 21세기의 새로운 인류학을 전개한다. 그리고 그는 이것을 '자연의 인류학(anthropology of nature)'이라고 명명하고 이 인류학의 관점에서 20세기 사회문화 인류학을 비판적으로 평가한다.

데스콜라의 '자연의 인류학'이 인류학계뿐만 아니라 철학, 사회학, 지리학, 생태학 등의 여타 학문 분야에 널리 알려지게 된 것은 2005년에 출간된 『자연과 문화를 넘어서』라는 기념비적인 저서를 통해서이다. 이 책에서 그는 레비스트로스의 구조주의 민족학의 계보를 이어 근대유럽의 형이상학을 우주론의 한 유형으로 상대화함과 동시에 세계 곳곳의 우주론을 근대 우주론과 같은 지위에서 구조적으로 분석한다. 레비스트로스가 『야생의 사고』에서 근대유럽의 이성 중심의 철학을 자폐적이라고 비판했듯이, 데스콜라는 근대유럽의 형이상학이 보편성을 주장하는 것은 중심주의적 사고의 한계라고 꼬집는다. 실제로 21세기 탈인간주의의 지구적 전환에서 근대유럽적 사고는 분석적 효력이 없을뿐더러 더이상 새롭지 않다. 레비스트로스의 구조인류학이 시사하는 탈 서구중심주의를 한국 인류학계가 진작에 흡수했더라면 남아메리카, 일본, 북유럽 등지에서처럼 우리 인류학의 길을 걷지 않았을까? 그러나 한국 인류학계는 북아메리카 중심의 문화인류학에 편중되어서 레비스트로스의 구조주의에 관해서도 문화인류학의 필터를 통해 걸러진 것을 부분적으로 가져오거나 유럽 철학의 포스트모던 계열에서 독해한 것을 재독해하는 방식으로 이해하다 보니 그 길에 들어서지 못했다. 게다가 최근 인간과 비인간의 관계에 다자연적으로 접근하는 세계 각지의 인류학적 논의에서 레비스트로스의 구조주의가 핵심적으로 원용된다는 점에서 한국 인류학계는 그러한 21세기 인류학을 체계적으로 이해할 이론적 발판이 없는 탓에 최근 논의에 깊이 있게 접근하지 못하고 있다. 우리는 뒤늦게나마 레비스트로스의 사상을 발전적으로 계승하고 있는 데스콜라의 인류학에 접속함으로써 근대학문의 변방에 머물러 있는 한국 인류학계의 독자적인 길의 가능성을 모색해야 할 것이다.

2. 자연이라는 관념적 구성물

먼저 데스콜라의 이력과 사상을 간략하게 살펴보자. 데스콜라는 1949년 프랑스 파리에서 히스패닉 역사학자인 장 데스콜라(Jean Descola)의 장남으로 태어났다. 장 데스콜라는 저널리스트이자 저술가로서 스페인과 남아메리카의 역사와 문화에 관한 여러 권의 책을 출간했다. 데스콜라는 부친의 영향으로 남아메리카의 스페인어 문화권에 남다른 관심이 있었으나 레비스트로스를 만나기 전까지는 남아메리카를 인류학적으로 연구하리라고 생각하지 않았다. 그는 퐁트네생클루(Fontenay-Saint-Cloud) 고등사범학교에서 철학을 공부한 후 고등연구실습원(École Pratique des Hautes Études)에서 레비스트로스의 지도하에 민족학 박사학위 논문 작성을 위해 비로소 남아메리카에 첫발을 내디뎠다. 1976년 9월부터 1979년 9월까지 3년간 에콰도르와 페루의 국경 부근에 사는 아마존 부족인 지바로 아추아르(Jivaro Achuar)족을 현지 조사하고, 『길들인 자연 La Nature domestique』이라는 제목의 논문을 작성하여 1983년 박사학위를 취득한다. 이 논문은 1986년 그의 첫 저서로 출간되는데, 1970년대 후반 인류학계에서 벌어진 구조주의와 문화유물론 간의 논쟁 가운데 인간사고를 둘러싼 생태환경의 문제를 인간과 비인간 간의 상호식별과 관계의 문제로 전환하는 이론적 기초를 마련한다.

　　이 책에 실린 에두아르도 콘과의 대담에서도 알 수 있듯이, 데스콜라는 아마존의 부족 세계를 참여 관찰하면서 '자연'이 인간 외부의 주어진 환경이라기보다 근대유럽의 과학적 사고에 의해 객체화된(objectified) 관념적 구성물임을 깨닫는다. 아마존에서는 서구적 의미에서의 자연이 존재하지 않을뿐더러 서구에서와 달리 인간과 비인간이 분절되지 않고 연속적으로 이어져 있으며 인격성(personality)의 범주 또한 인간에 한정되지 않는다. 아추아르 신화에서 동식물을 포함한 모든 살아있는 존재는 아추아르어로 '완전한 사람'을 뜻하는 '펜케 앤츠(penke aents)'로 불린다. 지금도 아추아르 사람들은 동식물이 이러한 인격성을 부분적으로 상실했다

해도 인간 동료와 똑같은 사교성(sociability)을 여전히 갖고 있다고 생각한다. 게다가 그들은 자신들이 살아가는 집과 숲과 강이 마치 메트로폴리탄의 건물과 도로와 통신망처럼 다양한 부류의 존재들이 소통하고 상호작용하는 시공간적 연결지점으로 기능하는 인공시설로 간주한다. 즉 아마존의 자연적 표상으로서 근대인들이 생각하는 '원시림'은 아마존 부족에게는 애당초 존재하지 않았다. 그렇다면 주어진 객체로서의 자연이라는 관념은 근대인의 사고에 국한될 뿐이고, 이것을 잣대로 세계 곳곳의 사고를 재단하거나 그 속의 존재들을 분류할 수는 없다.

표 1. 인류학에서의 자연 개념
Ingold, Tim. 2000. *The Perception of the Environment Essays on livelihood, dwelling and skill*. p.41.

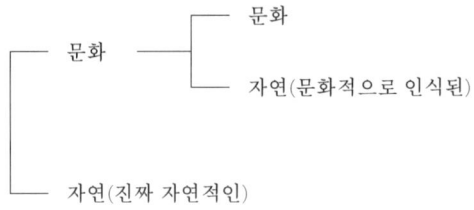

사실 자연이란 근대인의 고유한 관념이라는 주장은 그러한 자연이 존재하지 않는 비서구의 부족사회를 연구한 몇몇 인류학자들에 의해 계속해서 제기되어 왔다. 그렇지만 영국의 인류학자 팀 잉골드(Tim Ingold)가 논한 것처럼, 인류학자들은 의식하든 안 하든 비서구에 관한 민족지에서 '문화적으로

인식된 자연'과는 별도로 '인식 너머의 진짜 자연'을 논해왔다는 것이다(표 1 참조). 다시 말해 서구 인류학자들은 '문화적으로 인식된 자연'을 문화와 분절해서 자신의 의도적인 세계에 포섭해온 것에 반해 비서구 사회에서는 그러한 분절 자체가 존재하지 않지만 '인식 너머의 진짜 자연'이 존재한다고 가정해왔다는 것이다(표 2 참조).

데스콜라가 보기에 이러한 분석 틀은 인류학자 자신이 자연 없는 비서구 사회를 연구했음에도 불구하고 여전히 자연과 문화를 이원적으로 사고하는 근대 우주론에 침잠되어 있기 때문이다. 이 책에서 보여준 바와 같이 근대학문으로서 인류학은 19세기 자연과 문화의 이원론이 확립된 결과로 등장해서 아이러니하게도 20세기 내내 이원론적 기획에 충실하면서도 그 분열을 봉합하고자 고군분투했다. 그러나 인류학이 이원론을 상대화하지 않았기에 그러한 노력은 헛수고로 끝나버리고 말았다. 그래서 데스콜라는 이원론을 상대화할 수 있는 연구방법론을 개발하려 했고, 인간과 비인간 간의 다양한 관계와 실천의 방식을 존재론적으로―존재의 자질, 역량, 위치 등등의 측면에서―파고들었다. 여기서 비인간은 동식물, 죽은 자, 정령, 광물 등의 인간 이외의 모든 존재를 포괄하는데, 비인간 존재를 분류하는 질서는 보이는 세계뿐만 아니라 보이지 않는 세계와의 관계와 그 실천까지도 지시하는 일종의 우주론적 준거 틀로 작용한다. 근대인이 우주론적 준거의 기준을 인간에 둔다면, 비근대인은 그 기준을 인간에 두지 않는다. 이처럼 자연과 문화를 이원적으로 사고하는 근대세계까지도 아울러서 인간과 비인간 간의 다양한 관계와 실천을 이해하는 분석 틀을 비교인류학적으로 개발할 필요가 있다.

표 2. 자연과 문화의 이분법이 존재하는 서구와 자연과 문화가 존재하지 않는 비서구
Ingold, Tim. 2000. *The Perception of the Environment Essays on livelihood, dwelling and skill.* p.42.

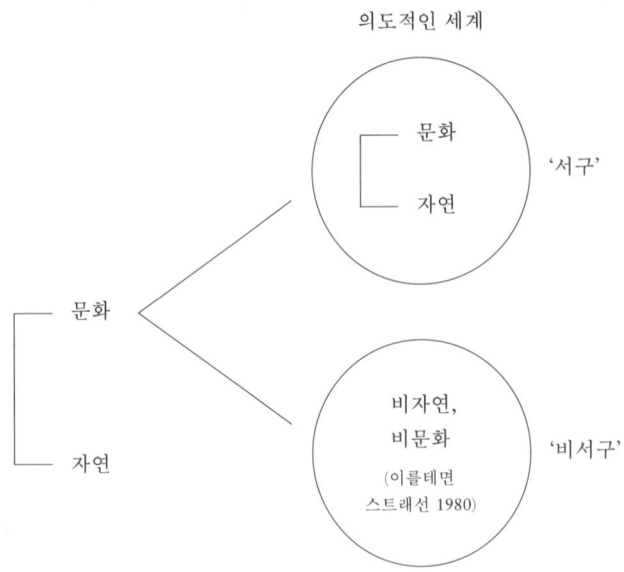

데스콜라는 서구 인류학에서의 자연과 문화의 이분법적 사고를 분석하는 것에서 더 나아가 그러한 사고를 상대화할 수 있는 인류학적 접근방법으로서 인간과 비인간 간의 다양한 관계와 실천을 파고든다. 여기서 비인간은 동식물, 죽은 자, 정령, 광물 등의 인간 이외의 모든 존재를 포괄하는데, 비인간

존재를 분류하는 질서 자체는 서구에서의 자연과 마찬가지로 사회적 구성물이다. 그러나 이 구성물은 보이는 세계에 대한 표상적 관념에 머물지 않고 보이지 않는 존재들과의 관계와 보이지 않는 세계에의 실천까지도 지시하는 일종의 우주론적 준거 틀로 작용한다. 또 서구의 자연이 세계에 대한 인간 중심적 준거 틀의 배경에 놓인다면, 비서구의 수많은 인간집단은 인간을 중심에 놓고 세계를 구성하거나 사고하지 않는다. 다시 말해 자연과 문화를 대립적으로 사고하는 이원론은 서구에 고유한 관념적 구성물에 불과하다. 이에 따라 자연과 문화를 이원론적으로 사고하는 서구까지도 아울러서 인간과 비인간 사이의 다양한 방식의 관계와 실천을 이해하는 모델을 비교인류학적으로 개발할 필요가 제기된다.

데스콜라는 1983년 에콰도르 키토(Quito)에 소재한 폰티피시아 가톨릭 대학(Pontificia Universidad Católica del Ecuador)에서 처음 대학교편을 잡은 후 케임브리지 킹스 칼리지의 방문연구원을 거쳐 1987년부터 프랑스 사회과학 고등연구원(École des Hautes Études en Sciences Sociales)에서 조교수와 원장으로 재직하는 동안 인간과 비인간의 관계에 관한 비교인류학을 주제로 매주 세미나를 진행하는 한편으로 〈실천의 이성: 불편성, 보편성, 다양성〉이라는 이름의 연구집단을 조직하여 그 자신의 문제의식을 발전시켜나갔다. 2000년부터 2019년까지 콜레주드프랑스에서 '자연의 인류학' 전공을 개설하여 석좌교수를 역임할 때에도 그의 문제의식은 초지일관 서구의 자연과 문화의 이원론을 넘어서서 인간과 비인간을 별개의 존재론적 영역으로 구분하지 않는 이른바

'관계의 생태학(écologie des relations)'이라고 그 자신이 명명한 실천적 관계 모델을 개발하는 데에 있었다.

3. 관계의 생태학으로서 네 개의 존재론

그리하여 마침내 데스콜라가 『자연과 문화를 넘어서』에서 제안한 '관계의 생태학'은 인간과 비인간의 관계를 인간 동료들 간의 관계와 불연속적으로 구분하지 않는다는 의미에서 일원론적 인류학을 지향한다. 즉 인간과 비인간 각각에 대한 인간의 관계를 위계화하는 서구의 이원론적 도식을 일원론적 관계성으로 통합하면서 지구상의 모든 존재론을 인간과 비인간을 불문하는 관계의 동일화와 차별화의 기제로서 분석하고 분류한다. 이 속에서 타자의 문제는 타자를 어떤 존재로 인식하는가의 문제이기에 앞서 자신과 타자가 어떤 관계에 있는가의 문제이며, 타자와의 관계는 존재 자체의 근본적인 속성인 내면성(intériorité)과 신체성(physicalité)의 측면에서 자신과 타자가 연속적이거나 불연속적이라는 데에서 그 경계가 설정된다. 데스콜라는 이렇게 식별된 '관계의 존재론'을 자연주의(naturalism), 유추주의(analogism), 애니미즘(animism), 토테미즘(totemism)의 크게 네 가지로 분류한다.

우선 근대유럽의 존재론으로 규정되는 자연주의(naturalism)를 살펴보자. 자연주의는 우리가 흔히 과학적 사고방식이라고 간주하는 존재론으로서 인간의 의지와 상관없이 그 자체의 법칙이나 원리에 의해 스스로 작동하는 자연의 영역을 암묵적으로 전제함으로써 자아와 타자 사이의 경계를 만들어낸다. 합목적적 필연성의 장인 물리적 세계의 자연은 지구상의 모든 존재에게 보편적으로 주어진다. 다시 말해 자연의 법칙은 인간이든 비인간이든 또 인간의 피부색에 상관없이 자연의 영역에 속하는 모든 신체에 적용된다.

타자와의 관계에서 이 보편성은 연속성으로 인식된다. 자연주의에서 지구 반대편의 생전 모르는 누군가를 나와 동질적인 존재로 여길 수 있는 것은 나와 그가 같은 신체를 가졌기 때문이다. 그에 반해 인간적 세계의 문화와 그 문화의 세계인식은 보편적이지 않다. 문화는 이러한 자연의 영역에 속하지 않으며, 인간종의 독특한 특질에서 비롯된 인간의 지식과 활동에 의한 결과물을 뜻한다. 지구 반대편의 누군가가 나와 같은 인간임에도 불구하고 내가 그와 다르다고 말할 수 있는 것은 나와 그의 문화가 다르기 때문이다. 또 나와 내 옆의 반려견은 자연의 법칙에 귀속되는 유기체적 개체라는 점에서 동질적이지만, 반려견은 인간사고를 할 수 없다는 점에서 나와 다르다. 자연주의가 근대인의 상식과 과학적 원리의 기반을 이루는 한 근대인의 타자 및 세계에 대한 관점은 자연주의가 결정한다. 그렇지만 자연주의는 근대유럽이라는 특정한 역사의 산물이며, 우리가 자연주의를 당연한 이치로 받아들이는 것은 근대유럽이 세계의 지식패권을 장악했기 때문이다.

반면 서구 인류학자가 일찍부터 저 진실을 자각할 수 있었던 것도 자연주의가 통용되지 않는 비서구의 수많은 사회를 접촉하고 이해하는 데 어려움을 겪었기 때문이다. 오히려 비서구 사회에서는 내 옆의 동물을 지구 반대편의 인간보다 나와 더 동질적으로 보는 경우가 많다. 또 비인간 동물이 인간 사회만큼 사회적 속성을 갖는다고 생각하기도 한다. 이것은 보통 문화적으로 '혼이 있다'라고 번역된다. 따라서 혼이 있는 비인간 동물이 인간과 사회적 관계를 맺는 것도 충분히 가능하다. 여기서 비인간과 인간의 신체적 차이는 관계 맺음의 조건일 따름이다. 인간과 비인간의 신체성은 불연속적이지만, 그 내면성은 연속적이며 동질적이다. 데스콜라는 이러한 존재론을 애니미즘(animism)이라고 규정한다. 애니미즘은 타자와의 관계식별에서 자연주의와 정확히 대칭적이다. 자연주의에서 인간과 비인간은 신체성이 같으나 내면성은 다르다. 애니미즘에서는 인간과 비인간의 내면성이 같으나 신체성은 다르다. 한편 비인간도 인간만큼 사회를 구성한다고 생각하는 또 다른 존재론에는 토테미즘(totemism)이 있다. 토테미즘은 비인간 동식물의 여러 부류 사이의 동일성과 차이로부터 각각의 인간집단 사이의 동일성과 차이를 상동적으로 특징짓는다. 다시 말해 동식물 간의 부류—'부류'는 자연주의로 번역하면 '종'—의 차이는 부족, 종족, 하위종족, 씨족 등등의 차이와 상동적이다. 이러한 토테미즘 사회에서는 인간집단과 그 집단에 대한 비인간 동물의 대응물—토템—은 내면성과 신체성 모두에서 연속적이며 동질적이다. 토테미즘에서 비인간은 인간집단의 분절적 다양성을 표상한다. 데스콜라가 제시한 마지막은 내면성과 신체성 모두에서 불연속성을 특징으로 하는 존재론은 유추주의(analogism)이다. 그러므로 유추주의에서 인간과 비인간의 불연속적인 관계는 유비와 유추를 통해 이해되며 자연주의보다 더욱 강력한 이원론적 체계를 구축하게 된다.

그런데 이러한 존재론적 우주론은 세계를 구획하지 않는다. 다시 말해 각각의 인간 사회가 각각의 우주론에 하나씩 대응된다는 것이 아니다. 한 인간 사회 내에서도 복수의 존재론이 가능하며 하나의 존재론이 또 다른 존재론으로의 전환이나 생성이 얼마든지 가능하다. 인간의 영역과 비인간의 영역을 이분법적으로 사고하지 않는 데스콜라의 우주론이 시사하는 바는 우리가 다양한 존재론 속에서 타자의 범주를 인간에서 비인간으로 확장할 때에 그렇게 확장된 비인간과의 관계에서 더욱 다양한 실천방식을 상상해볼 수 있고 꾀할 수 있다는 것이다. 인간이 비인간과 친족 관계를 맺듯이 이번에는 비인간의 포식 관계가 인간 사회로 전이된다. 이를테면 아추아르 족과 같은 애니미즘 사회에서는 사회적 실천의 기본범주를 인간과 비인간의 연결을 통해 사고한다. 여자들은 밭의 작물을 자식처럼 다루고 남자들은 수렵 동물이나 그것의 주재자와의 관계를 혼인에 대응한다. 인간 동료들 간 사회성의 형식들이 수직적(위계적) 혹은 수평적(평등적) 관계에 한정된다면, 비인간과의 관계에서 그 형식들은 훨씬 더 중층적이며 다각적으로 변모한다(표 3 참조).

표 3. 관계하는 관점 사이에 존재하는 관계 유형에 따른 관계성의 분포
Beyond Nature and Culture, p.334

등가적 관점 간 유사성의 관계		비등가적 관점 간 연결의 관계	
대칭	교환	생산	유전적 연결
부정적 비대칭	포식	보호	공간적 연결
긍정적 비대칭	증여	전달	시간적 연결

    위의 표에서 왼쪽은 등가적 관점 사이에서 어떤 가치의 대칭적이거나 비대칭적인 이동을 나타내고, 오른쪽은 비등가적 관점 사이에서 비등가적 행위를 통해 관점의 행위자들 간의 유전적, 공간적, 시간적 연결이 창출됨을 나타낸다. 표의 왼쪽에서 교환은 한 존재가 다른 존재에게 상호대가를 요구하는 대칭 관계이며, 포식은 한 존재가 다른 존재로부터 가치 있는 어떤 것—생명, 물질, 보이지 않는 어떤 것—을 취하는 비대칭 관계이고, 증여는 한 존재와 다른 존재가 호혜성을 통해 통합을 이루는 가장 직접적인 관계 형식이다. 포식이 '빼앗는다'라는 부정적인 비대칭의 관계라면, 증여는 '내어 준다'라는 긍정적인 비대칭의 관계이다. 이처럼 타자의 범주가 비인간 존재까지 아우르면, 관계 형식의 사회성은 더욱 풍부해진다.

4. 우리의 자연으로 나아가는 인류학

아마도 데스콜라가 서구의 이원론을 하나의 우주론으로 배치하면서 내면성과 신체성이라는 새로운 식별양식을 제시할 때에 우리는 그것이 또 다른 이분법적 사고방식이 아닌가 하는 의구심이 들 수 있다. 이것은 마치 레비스트로스가 사르트르의 서구중심주의를 비판하면서 비서구의 '야생의 사고'를 그것과는 독자적인 사고방식으로 논한 것에 대해 자크 데리다가 그 논리화의 구조가 서구의 사고방식에 근거한다면 레비스트로스 또한 서구의 로고스 중심주의를 벗어나지 못한 것이라고 주장한 것과 같다. 그래서 데스콜라는 이원론을 인식의 문제가 아닌 실천의 문제―인간과 비인간 간의 관계형식과 실천방식의 문제―로 접근하고자 한 것이다. 달리 말해 지구상의 다양한 존재들의 관계적 삶은 인식의 문제가 아니라 실천의 문제이고, 관계적 앎은 인간뿐만 아니라 동식물, 정령, 죽은 자까지도 포괄하는 모든 존재의 실천을 조직하는 '삶의 지침서'이다. 그러므로 각기 다른 존재론은 그 존재론의 존재들이 실천적으로 관여하는 세계 자체가 다르다고 말한다. 다변화하는 21세기의 지구환경 속에서 자연주의를 절대적이고 객관적인 기준으로 삼아온 근대유럽 중심의 세계질서는 새로운 중심적 질서로 대체되지 않는다. 데스콜라에 따르면, "자연과 사회, 인간과 비인간, 개인과 집단은 이제 물질, 과정, 표상 사이에 흩어진 채 나타나지 않고 타자와의 관계에서 차지하는 위치에 따라 존재론적 지위와 행동 역량이 다변하는 다중적 개체 간 관계의 제도화된 표현으로서 나타날 것이다."

지금 우리에게 데스콜라의 존재론적 분류가 시사하는 바는 그 분류 중 하나를 좇아야 한다는 것이 아니라 '자연'이라는 구성물이 우리가 가야 할 길의 첫 관문을 여는 열쇠일 수 있다는 것이다. 식민화를 통해 근대화를 경험한 우리에게 자연 자체는 혼종적이다. 데스콜라에 따르면, 유럽에서 자연은 17세기 이전 신이 인간에게 베푼 '하늘'과 '땅'으로서 신의 권능이 발현되는 모든 곳을 뜻했지만 17세기 이후 과학혁명을 거치면서 인간의 영역으로 진입하여 인간에 의한 과학적인 실험과 탐구의 대상으로 자리 잡았다. 즉 자연은 인간 이성의 진보가 실현되는 모든 것을 뜻하게 되었다. 이에 반해 우리의 자연은 일본의 메이지유신(1868년)을 전후한 시기에 유입된 것이다. 본래 '자연(自然)'은 노자 사상에서 유래한 것으로 '인위적이지 않은 있는 그대로'를 뜻했으며, 특정 대상을 가리키는 명사적인 용법보다 상태를 가리키는 형용사적인 용법으로 사용되어왔다. 그런데 '자연'이 nature의 번역어로 정착하면서 한자문화권 본래의 뜻이 아닌 현재 일반적으로 통용되는 어의를 갖게 된 것이다.

동아시아의 한자문화권에서 '자연'은 주객이 하나를 이룬 상태라는 것인데, 이 말은 처음부터 주(主)와 객(客)은 분리되지 않는다는 것을 뜻한다. 아추아르 사람들이 자연과 문화, 인간과 비인간을 분리하지 않듯이 우리의 자연은 주관과 객관을 분리하지 않았다. 어쩌면 동물과 기계는 마찬가지라는 자연주의를 이제야 넘어서서 동물도 생명이므로 인간과 똑같이 존중해야 한다는 서구의 환경주의를 우리는 벌써 '인간과 비인간을 구획하지 않는 생명존중 사상' 속에

간직했을는지 모른다. 데스콜라가 인간과 비인간의 가치를
차등적으로 배분하는 근대유럽의 인간중심주의를 비판하면서
관계의 생태학을 주창하는 것은 서구 인류학 자신의 길을
찾아가는 것이다. 서구의 인류학이 인간 이성이 아닌 혼이 깃든
생명 그 자체의 가치를 이야기해야 한다는 생태학적 관점을
제기할 때에 우리는 이미 생명이 생물학적 기능으로 환원되지
않는다는 것을 알고 있다. 바로 이러한 우리의 사고를 우리
스스로 회복하는 것에 우리 자신의 인류학이 있지 않을까?

이 책이 나오기까지 여러 사람의 도움을 받았다. 우선 번역본을
함께 읽어주고 오역을 잡아준 〈존재론의 자루〉 동학들에게
감사하다. 인류학에 관심을 두고 어려운 학술서임에도
불구하고 이 책의 출판을 맡아준 포도밭출판사 최진규
편집자에게도 감사의 인사를 전한다. 좋은 책의 번역은
늘 영광스럽지만 제대로 그 뜻을 잘 전달했는지 걱정되는
일이기도 하다. 부디 이 책을 통해 조금이라도 독자들에게
데스콜라의 앎과 그 앎의 즐거움이 전해지기를 바란다.

2022년 9월
차은정

찾아보기

『대지에서 인간으로 산다는 것』 97
『동떨어진 시선』 71
『라볼리오』 96
『말과 사물』 55
『문화와 실천이성』 49
『문화의 과학 이론』 55, 62
『문화의 발명』 52
『민족 생물학의 분류법』 68, 70
『생태계, 의미 그리고 종교』 65
『슬픈 열대』 110
『실천 이론의 개요』 53
『암시적인 의미들: 인류학 에세이』 56
『야생의 사고』 19, 22
『우리는 결코 근대인이었던 적이 없다』 101, 102, 103, 133
『자연과 문화를 넘어서』 7, 51, 128, 131
『자연의 사회에서』 48, 131
『정신과 물질』 35, 47, 55
『종교 생활의 원초적 형태』 86

『풍토성』 48
『행동하는 과학』 90

ㄱ

객관주의 91
객관화 52, 60, 86, 89, 98, 101, 107, 119, 121, 154
객체 94, 99, 100
결정론 27, 28, 29, 33, 35, 36, 37, 45, 54, 61, 62, 77, 85, 86
경험주의 23, 81, 111
고들리에, 모리스 47, 55
공리주의 30, 55, 59, 60, 84
과학혁명 50
관념론 18, 35, 45
교차 22, 23, 57, 77
구루, 피에르 118
구조인류학 17, 19, 34, 38
근대인 13, 49, 88, 89, 94, 99, 101, 102, 103, 133

금기 29, 30, 31, 32
기어츠, 클리포드 56
기의 70, 71
기표 71
길더슬리브 강연 18, 23, 35, 36, 37
깁슨, 제임스 93

ㄴ
능산적 자연 46, 47, 53, 59, 119

ㄷ
다우킨, 니콜라스 96
대칭성 36, 91, 99, 100, 101, 102, 103
대칭성의 인류학 99, 102, 103
더글러스, 메리 56, 59
데카르트, 르네 106
도킨스, 리처드 11
뒤르켐, 에밀 39, 56, 59, 86, 100, 126
뒤메질, 조르주 105
디캔테이션 108

ㄹ
라투르, 브뤼노 90, 99, 100, 101, 102, 103, 128, 132, 133, 134, 140
라파포트, 로이 65
레비스트로스, 클로드 17, 18, 19, 21, 22, 23, 25, 33, 34, 35, 36, 37, 38, 39, 40, 52, 55, 71, 82, 105, 110, 118
로스, 에릭 29

ㅁ
마르크스주의 34, 66, 84
마르크스, 카를 34, 36, 58, 59, 66, 84
명명법 70, 71, 74, 76, 122
목적인 62, 65, 66
문화상대주의 20, 38, 137, 138
문화 생태학 25, 28, 65, 66
문화유물론 17, 29, 54, 84
문화인류학 11, 12
문화주의 54, 59
물리주의 34, 37
물리주의적 지식 이론 37
물상화 108
물신화 78
민속 분류 67, 68, 73
민족과학 67, 68, 71, 72, 75, 77, 78
민족 생물학 67, 68, 69, 70, 71
민족지 23, 34, 39, 40, 62, 63, 75, 81, 82, 84, 92, 95, 100, 124, 125, 126, 134, 135, 136, 158
민족지학자 39, 40, 63, 81, 82, 125
민족학 13, 26, 39, 55, 62, 72, 77, 81, 82, 83, 88, 89, 101, 102, 106
밈 10, 11, 130
밈학 10, 11, 130

ㅂ
바퀘리 Bakweri 40
뱅베니스트, 에밀 105, 118
베르크, 오귀스탱 48, 51, 97, 98

베를린, 브렌트 67, 68, 76
베이트슨, 그레고리 89
벨라벨라 Bella Bella 20, 21, 23, 24
변증법 47, 58
보아스, 프란츠 19
보편주의 67, 68, 69, 76, 107, 155
부르디외, 피에르 53
분류사 73
불연속성 49, 55, 68, 76, 95, 126
블로어, 데이비드 99
비근대인 13, 52, 87, 101, 134
비인간 7, 13, 32, 34, 37, 38, 40, 45, 57, 59, 61, 89, 92, 97, 100, 101, 102, 103, 105, 106, 108, 109, 110, 119, 121, 122, 126, 134, 137, 138, 147, 148, 149, 150, 153, 154

ㅅ
사교성 121, 164
사회생물학 10, 11, 64
사회인류학 10, 11, 12, 25, 39, 85, 93
사회중심성 98
살린스, 마셜 8, 49, 58, 59, 60
상대주의 20, 28, 32, 33, 38, 49, 71, 76, 78, 107, 109, 137, 138
상부구조 36, 84
상징주의 87
생물다양성 68, 115, 155
생산 관계 61
생산력 61

생산양식 61
생태 인류학 65, 77
생태학 14, 18, 25, 28, 29, 31, 32, 33, 36, 54, 64, 65, 66, 77, 93, 117, 118, 155
생태학적 결정론 28, 29, 33, 54, 77
생태학적 결정자 18
세계 내 존재 92, 99
세계성 98
소산적 자연 46, 47, 53, 58, 119
스키마 96, 119, 121, 122, 129
스터트번트, 윌리엄 77
스튜어드, 줄리언 25, 26, 27, 28, 54
스피노자, 바뤼흐 46, 47
시대성 98
시베리아 추코트카 Siberian Tchoukotka 96
식이 금기 29, 30, 32
신다윈주의 11
신화 18, 19, 21, 22, 23, 24, 27, 35, 36, 38, 78, 105
신화적 구성물 19
신화적 변환 22
신화적 사고 18, 22, 24, 36
실증주의 91

ㅇ
아데너, 에드윈 39, 40
아상블라주 13, 27, 104
아추아르 Achuar 73, 123, 124, 125, 126, 134, 146, 152

아트란, 스콧 69
애니미즘 118, 134, 137, 138, 144, 145, 146, 147, 149, 150, 155, 158
앤크리스틴, 테일러 8, 124, 136
야콥슨, 로만 70, 71
어포던스 93
에믹 75, 76
에번스프리처드, 에드워드 39, 56, 85
에카테리나 2세 96
에틱 75, 76
연속성 49, 55, 68, 76, 95, 120, 126
오위케노 Owikeno 24
와그너, 로이 52, 89
외쿠메네 98
우주론 40, 48, 49, 50, 52, 53, 67, 83, 84, 85, 86, 87, 89, 101, 120, 121, 123
월딩 110
위슬러, 클라크 26
윅스퀼, 야콥 폰 93
유럽중심주의 52, 60
유물론 17, 25, 29, 32, 34, 35, 45, 54, 55, 84
유심론 33, 45
음성학 75
음운론 71, 75
의도적인 세계들 95
의미작용 19, 24
의지적 실천 58, 105
이데올로기 34, 83, 84, 87, 100, 115, 117
이분법 41
이원론 33, 38, 39, 43, 48, 49, 50, 52, 56, 78, 91, 94, 101, 104, 131, 143
이원성 12, 13, 103
이차적 욕구 63, 64
이차적 특질 27, 28, 139
인간중심주의 14
인지체계 69, 72
일원론 36, 38, 39, 91, 131, 153
일원론적 지식 이론 36, 39
잉골드, 팀 93, 94, 95, 97, 98, 133, 136

ㅈ

자동기술법 106
자민족중심주의 81, 94, 136
자연과 문화의 이원론 49, 50, 52
자연의 인류학 7, 128
자연주의 33, 45, 62, 64, 77, 89, 121, 123, 134, 136, 138, 151, 152, 153, 154
적응 기능 23, 30, 65
적응반응 19, 29
전파주의 26, 28, 32, 144
정신 결정론 36
제2의 자연 58
존재론 13, 49, 50, 51, 67, 90, 91, 92, 93, 94, 95, 97, 101, 103, 109, 110, 121, 134, 136, 137, 138, 140, 141,

143, 144, 145, 146, 147, 148, 152, 153
종교 27, 28, 56, 65, 66, 68, 69, 84, 85, 86, 87, 99, 105, 119, 151, 155
주느부아, 모리스 96
주술 39, 60, 85, 86, 88
주지주의 85, 86
주체 36, 93, 94, 99, 100, 103, 139, 151, 154
준-객체 100
준-주체 100
지리적 가능론 45
지바로 아추아르 Jivaro Achuar 73
지바로 Jivaro 29, 30, 31, 73, 74, 156
지식철학 33, 35, 81, 104, 108
진화론 20, 25, 26, 28, 54
진화심리학 10, 130

ㅊ
체질인류학 10, 11
최적섭식이론 64
친족 11, 18, 66, 119
칠코틴 Chilcotin 21, 23

ㅋ
칸트, 이마누엘 51
칼롱, 미셸 99
크로버, 앨프리드 26

ㅌ
타자 41, 52, 67, 82, 88, 97, 106, 109,

121, 122, 129, 137
탈주술화 88
토마스주의 71
토테미즘 118, 138, 141
통태 48, 98
특수주의 10, 20, 27, 54, 78

ㅍ
파이크, 케네스 75
포틀래치 20, 24
표상 40, 59, 69, 82, 84, 87, 92, 98, 104, 109, 119, 126, 138, 140
푸이용, 장 82
푸코, 미셸 55
프레이저, 제임스 85
프렌치, 데이비드 75
피그미 Pygmies 95

ㅎ
하부구조 34
하이데거, 마르틴 92, 93, 98
해리스, 마빈 17, 22, 23, 25, 28, 29, 33, 34, 36, 52, 54
해석학적 인류학 55
헤게모니 105
현상학 67, 72, 73, 76, 86, 91, 92, 94, 96, 97, 98, 149
현상학적 실재 76, 86, 96
현상학적 인류학 92, 97
형상인 62, 65, 66
호모 에코노미쿠스 30

화이트, 레슬리 54, 61
환경 결정론 36, 45
환경세계 92, 93
환원주의 29, 32, 45, 64, 66
회의주의 108

W 《월딩 시리즈》 발간에 부쳐

인식에서 존재로, 존재에서 실행으로

월딩(worlding)은 있기(being)에서 하기(doing)로 삶의 문제의식을 전환한다. 근대 인문학은 세계를 인간의 인지적 대상에서 그 속에 던져진 관점의 문제로서 심층화하였고, 포스트 인문학은 세계를 근대적 인간의 일원적 관점에서 비근대적 비인간의 다차원적 관점으로 복수화하였다. 무한히 증식되는 관점은 세계란 인간에게만 주어진 물적 대상이 아니라 인간들, 인간과 비인간, 생명과 그 환경 사이의 관계에서 생성하는 것임을 일깨워주었다. 이제 세계는 명사형의 월드에 머물지 않으며 동사형의 월딩으로서 지구상의 모든 것들이 동등하게 관여하는 테라폴리스로 나아간다.

다양한 인간집단을 관찰 기록하고 비교 분석해온 20세기 인류학은 지구생태계의 위기로부터 비롯된 인간적 삶의 근본적인 전환을 목격하고 21세기에 이르러 지구생명체 간의 공생 속에서 인류의 미래를 모색하는 새로운 이론과 방법론을 제시하고자 한다. 인류학의 이 현대적 양상은 이제까지

인간중심의 근대세계를 구획한 정신과 물질, 마음과 신체,
자연과 문화, 인간과 비인간의 경계를 넘나드는 철학, 예술,
실천 활동과 공명하면서 새로운 학문의 장을 열어간다.
    미래 지구를 위한 지식은 인간의 세계인식을 총체적으로
기술하고 해석하는 데에 있지 않고 지구상의 다양한 존재들이
소통하고 관계하며 실천하는 존재의 방식을 개발하는
데에 있다. 《월딩 시리즈》는 포스트 인문학을 이끄는 현대
인류학의 이론 및 방법론과 이를 대표하는 인류학자의 사상을
소개함으로써, 우리 지식계의 지적 공백을 메울 뿐만 아니라
새로운 지식과 실천을 갈망하는 사람들에게 지적 자극을
선사하고자 한다.

타자들의 생태학
자연과 문화의 이원론을 넘어서는 인류학

필리프 데스콜라 지음
차은정 옮김

초판 1쇄 발행 2022년 10월 12일

펴낸곳 포도밭출판사
펴낸이 최진규
등록 2014년 1월 15일 제2014-000001호
주소 충청북도 옥천군 옥천읍 성신로 16, 필성주택 202호
전화 070-7590-6708
팩스 0303-3445-5184
전자우편 podobatpub@gmail.com

ISBN 979-11-88501-27-4 93380

이 책은 저작권법에 따라 보호받는 저작물이므로
무단 전재와 복제를 금합니다.

책값은 뒤표지에 있습니다. 잘못된 책은 바꾸어 드립니다.